民事問題全集

河村 透著

明治廿九年發行

民事問題全集

日本立法資料全集 別巻 1174

信山社

受驗資料

河村透著

民事問題全集

東京　求光閣發兌

例言

一余が曩きに刑事問題全集を纂輯して之れを世に公にするや其の巻首に於て他日民法、商法及び民事訴訟法に關する部分を纂輯し前後併て法律問題の全成を期せんことを約せり蓋し本書の發刊は此の約を履踐せんが爲めなり

一本書は題して民事問題全集と云ふ故に其の輯錄する所も亦民法及び民事訴訟法に關する部分に限る若し夫れ商法に關する部分の如きは他日別に纂輯して之れを公にすることあるべし

一本書纂輯の順序に於て彼の刑事問題全集の如く全然各法典編纂の順序に憑り難きものあり故を以て往々部を章に章を節に節を欵に更めし所なきにあらず然れども其の大体に至りて一

に各法典編纂の例に傚ふ

一一個の問題にして二三の章節に渉るものゝ如きは其の關係ある章節中の一に掲げ他は略して之れを載せず

明治二十八年十一月

纂輯者識

民事問題全集目次

第二編　第一審の訴訟手續　二百九十六丁

民事問題全集目次終

民事問題全集

河村透纂輯

○第一類　法例

（一）不法の行爲に付ては法律の保護を與へずとの原則を適用すべき區域如何

（二）外國に於て內外國人間に取結びたる契約の履行を內國裁判所に訟求するときは時効の期間は何れの法律に依るべきや

（三）日本人外國に於て遺言を爲したりとせんに遺言の能力方式及び効力は何れの法律に從ひて之れを定むべきや

（四）法例とは何ぞや又法例と國際私法との關係如何

（五）法律は既往に溯る効力を有せずとの原則の意味を解說し併せて此の原則に對する例外を示せ

（六）各私人は特約を以て時効法の與ふる恩惠を拋棄し其の約束せる權利關係は時効期間經過の爲めに債權者に於て訴權を失却することなかるべき旨を約し得るか

（七）既得權を侵害するも尙ほ法律は既往に溯るの効力を有する場合ありや

（八）日本法律と外國法律と撞突の場合に於て日本法律を適用すべきや又は外國法律を適用すべきや如何なる標準によりて之れを判斷すべきや

（九）甲乙の兩外國人あり或る外國に於て或る契約を結び後我國に來り在留せる内甲者は乙者に對して該契約の履行を請求し之れを我國の裁判所に訴へたり然るに乙者は此の請求に對し我國の法律により免責時効を以て對抗せり此の場合に於て裁判所は何れの國の法律に依りて右抗辯の當否を決すべきや

但我國の法律に依れば乙者は既に免責時効を得べきも契約を結びたる國又は其の本國の法律によれば未だ時効を得ざるものと假定す

○第二類　民法

○第一編　人事

○第一章　私權の享有及び行使

（一）胎內の子と雖も其の利益を保護するに付ては既に生れたる者と看做すの理由如何

（二）私權の享有及び行使上に付き內國人と外國人との間に如何なる差異あるや

（三）私權とは如何なる權利なりや
（四）私權の享有と私權の行使との區別如何
（五）民法上私權の享有に付ては何人も制限を受くることなきや
（六）民法上無能力者たるべきものを列擧すべし
（七）私權の享有と私權の行使とに付き必要なる條件如何
（八）公私の法人は何故に法律の認許するにあらざれば成立することを得ざるや又其の法律の規定に從ふにあらざれば私權を享有することを得ざるは何故なるや其の理由を詳述すべし
（九）我民法は外國法人の成立を認許せざるを以て原則と爲す其の理由如何

○第二章　國民分限

（一）子が日本人の分限を撰擇することを得る場合如何
（二）國民分限を定むるに國土主義に因らずして血統主義に因りたるは如何なる理由なりや
（三）婦の國民分限は夫の國民分限に從ふべきことは我民法の原則なり然らば戶主

たる女子にして外國人を入夫せしめたるときは其の者は日本人たるの分限を失ふべきや

（四）國民分限を取得するの方法如何

（五）日本人は如何なる場合に於て國民分限を喪失するや其の理由と共に之れを詳述すべし

（六）日本人たる男と外國人たる女との間に擧げたる庶出の子は日本人たるべきや將た外國人たるべきや

（七）子が撰擇に因りて日本人の分限を取得するには如何なる方式を履行することを要するや

（八）日本人と婚姻を爲したる外國の女は後日婚姻の解消したるときと雖も尙ほ日本人たるの分限を失はざる理由如何

（九）歸化人の婦にして日本人の分限を取得することを單に日本に住居を定めたるときのみに限りたるは何故なるか

（十）日本政府の允許なくして外國の軍隊に入りたる者は當然日本人の分限を失ふべきや若し然りとせば刑法第百二十九條の所謂「其の他本國に背叛して敵兵に附

屬したる者は死刑に處す」との規定は到底適用せられざるに至らん如何

（十一）日本人の分限を喪失したる者其の分限を回復せんには如何なる條件を要するや

（十二）日本人と婚姻したる外國の女は假令婚姻解消後其の本國に復皈することあるも依然として日本人たるの分限を失ふことなし然るに外國人と婚姻したる日本の女は婚姻解消後日本に復皈するも其の日本に住所を定むることを申述するにあらざれば其の分限を回復することを得ざるは不當にあらざるや如何（民法人事篇第十條第十五條參看）

（十三）國民分限の變更に關する申述は一般の代理人を以て之れを爲すことを許さざるや

（十四）懷胎より出生までの間に於て其の父母か國民分限を喪失したるときは子の國民分限は如何にして之れを定むへきや

○第三章　親屬及び姻屬

（一）親屬と姻屬との區別及ひ其の之れを區別するの利益如何

(二)親族と親屬とは如何なる差異ありや
(三)如何なる親族は相互に養料を給するの義務を負擔するや又其の之れを負擔するの順位如何
(四)我民法か親族の關係より生ずる權利義務の範圍を六親等內に限りたるは如何なる理由によれるや
(五)親等、親系、直系、傍系、尊屬親、卑屬親の各意義如何
(六)我民法か採用したる親等の計算方法如何
(七)養子と入婿とは如何なる點に於て區別あるや
(八)妾と其の妾の生みたる子との間には法律上如何なる關係ありや
(九)夫と婦との關係は親屬なりや將た姻屬なりや
(十)我民法に於ては何故に夫婦一方の死亡を以て姻屬の關係を止息するの一原因と爲さゞるや
(十一)或る親族間に於て養料の義務を負擔せしむるの可否如何
(十二)夫婦の間に於ては相互に養料を負擔するの義務なきや
(十三)養料を受くへき者又は之れを給すへき者の資產に變更を生じたるときは之

れを如何にすへきや

（十四）養料義務は如何なる場合に於て消滅するものなりや

（十五）養料義務は物品を以て履行すへきものなるや金錢を以て履行すへきものなるや將た養料を受くへき者を自家に引取るへきものなるや

（十六）養料義務と敎育義務との差異如何

（十七）養料の義務は可分なるや不可分なるや將た連帶なるや如何

（十八）養料を給するの義務及ひ其の之れを受くるの權利は相續人に移轉すへきものなりや

（十九）養料を給すへき者か養料を受くへき者の總ての行爲を代表する場合に於ては何人が養料訴權を實行すへきや

（二十）兄弟姉妹の間には何故に疾病其の他本人の責に皈せさる事故に因りて自ら生活すること能はさる場合にあらざれは相互に養料を給するの義務なきや

（二十一）養子の實父及ひ養父共に養料を受くへき同一の情態に陷り而して養子の資産僅に其の中一人の養料を給するに足るのみなるときは之れを養父に給すへ

（二十二）夫に人あり妻妾及ひ庶出子一人を遺留して死去せし後其の妻妾各貧困に陷り雙方共に養料を受くへき境遇に在るときは庶出子は雙方に對して養料を給せさるへからさるや

第四章　婚姻

（一）婚姻は如何なる關係に於て之れを禁ずるか又之れを禁ずる理由如何
（二）有夫の婦の能力如何
（三）甲女あり曾て他人の妻たりし事實を隱蔽して乙男と婚姻せり乙男は之れを理由として婚姻取消の請求を爲すことを得るや
（四）婚姻の有効なるには如何なる條件を要するや
（五）婚姻に年齡の制限を設くるの要否を論述すべし
（六）外國人は入夫たることを得べきや
（七）婚姻は夫婦の行爲に關し如何なる効力を生ずるや
（八）婚姻の意義及び性質如何
（九）婚姻の儀式を行ふ以前に當事者をして婚姻を爲さんとする申出を其の地の身

分取扱吏に爲さしむる理由如何
（十）婚姻の不成立と婚姻の無効との區別如何
（十一）婚姻は契約なりとの說あり其の當否如何
（十二）婚姻の豫約は合法なりや否又其の豫約を破りたるものに對する法律上の制裁如何
（十三）普通婚姻と入夫婚姻との間に存する差異如何
（十四）夫が其の亡妻の姉妹と結婚し又妻が其の亡夫の兄弟と結婚するが如きは法律の制禁する所にあらざるや
（十五）子が婚姻を爲すに付き繼父又は繼母は其の家の祖父母に先ちて許諾を與ふるの權ありや
（十六）父母不和にして協議の離婚を爲せし後其の母が他家に婚嫁したる場合に於て其の子が婚姻を爲さんとするには父母雙方の許諾を得ることを要するか或は單に父のみの許諾を得るを以て足れりとするか
（十七）血統上祖父母の關係を有するも現に他家に在るものには何故に婚姻許諾の權利を與へざるか

（十八）父母の知れざる子の爲めにする後見人は如何なる手續によりて撰定せらるべきものなるや
（十九）婚姻の成立に關して法律上一定の儀式を要することゝ爲したるは如何なる理由に基くや
（二十）父母の知れざる者が婚姻を爲さんとするに當り其の出生證書を差出すこと能はず又は證人をして其の出生の地及び年月日を陳述せしむること能はざるときは如何すべきや（民法人事篇第四十四條第四十五條參看）
（二十一）一村擧て佛教を篤信し其の婚姻の儀式等も凡て舊來の慣習に從ひて爲すに當り其の婚姻を爲さんとする當事者雙方が深く耶蘇の教旨を信じ全く其の地方の慣習に反し基督教式によりて婚姻の儀式を行ひたるときは其の儀式は無効たるべきや否（民法人事篇第四十七條參看）
（二十二）婚姻儀式の成立條件如何
（二十三）外國に於て日本人と外國人との間に婚姻を爲すときは日本の規則に從ふことを得べきものなりや
（二十四）民法人事篇第五十一條に「外國に於て日本人の間に日本の規則に從ひて婚

姻を爲すときは其の國に在る日本公使館又は日本領事館に婚姻の申出を爲すことを要す」とあるは外國の境土主權を侵すものにあらざるか

(二十五) 本邦人が外國に在りて婚姻を爲さんと欲し其の國に在る日本の公使館又は領事館に其の申出を爲したる後本邦の規則に從ひ儀式を擧行したる場合に於て若し外國政府が其の婚姻儀式を正當なりと認めず從て夫婦の關係なきものとして常に當事者を取扱ふときは我國は之れを如何すべきや

(二十六) 日本に於て外國人が婚姻を爲すに付ては何故に尊屬親其の他の者の許諾を必要とせざるや

(二十七) 外國人が日本に於て婚姻を爲さんとするも或る事情の爲め其の本國の相當官署が婚姻を爲すに障碍なきことを證する認定書を下付せざるときは當事者は之れを如何すべきや

(二十八) 夫婦たる身分の占有あるときは假令婚姻證書に違式の個所あるも之れを以て其の證書の無効を補ひ從て婚姻成立の證據と爲すことを得るや

(二十九) 半狂亂者の爲したる婚姻は不成立なるや將た無効なるや

(三十) 婚姻の不成立なる場合と婚姻の無効なる場合とを列擧すべし

（三十一）婚姻の不成立を申立ることを得るものと婚姻の無効を請求することを得るものとの間に廣狹の差異を設けたるは如何なる理由に基くや
（三十二）民法人事篇第五十六條に所謂「現實の利益を有する者」とは如何なる者を指示するや
（三十三）不適齡に付き無効を請求する權利は如何なる場合に於て消滅するや又其の消滅する理由如何
（三十四）民法人事篇第五十九條第一項の第一號乃至第四號に該當すべき婚姻の無効訴權か婚姻儀式後一ヶ年にして消滅するは如何なる理由によりて然るや
（三十五）甲男あり乙女と婚姻を爲し而して乙女は完全に其の尊屬親の許諾を得甲男は其の必要の許諾を得ざりし場合に於て乙女及び其の尊屬親は甲男に對して婚姻の無効訴權を行ふことを得るや
（三十六）民法人事篇第六十二條第一號の認諾中には唯に明示の認諾のみならず默示の認諾も亦之れに包含するや
（三十七）必要なる許諾を得ずして爲したる婚姻の無効訴權は如何なる場合に於て消滅するや其の理由と共に詳述すべし

（三十八）我民法は錯誤に原因する婚姻の無効訴權を認めざるや否

（三十九）强暴に因りて承諾に瑕疵ある婚姻の無効訴權は如何なる塲合に消滅する
や併せて其の理由を問ふ

（四十）無効の言渡ありたる婚姻と雖も子に付ては嫡出子たるの權利を賦與して之
れを保護する理由如何

（四十一）婚姻の効力を發生する時期如何

（四十二）慣習上の贈物即ち年始誕辰嘉節等に於て婦が親戚故舊朋友等に爲す進物
に付ても亦婦は夫の許可を得ることを要すべきものなるや

（四十三）婦が不動產の質入又は讓渡を爲すに付ては夫の許可を受くることを要す
るに動產に付ては何故に之れを要せざるや

（四十四）不動產の取得及び賃貸借又は動產の讓渡及び質入等に付ては何故に婦は
夫の許可を受くることを要せざるや

（四十五）婦の身体を覊絆する約束と其の然らざる約束とは如何なる標準によりて
區別すべきや

（四十六）第三者が婦に對して不當の辨濟を爲したるときは婦は之れが取還に服す

るの義務ありや

（四十七）夫が夫婦財產契約に依りて與へたる總括の許可を廢罷するには普通の證書を以て爲すことを得るや將た公正證書を以て爲すことを要するや

（四十八）婦は如何なる塲合に於ては夫の許可を得ずして一切の行爲を爲すことを得るや

（四十九）夫が未成年者なるときと雖も其の行爲に付き夫の許可を受くることを要するや

（五十）夫が許可を拒絕する塲合に於ては婦は裁判所に對して其の許可を求むることを得るや否

（五十一）夫が婦に與へたる許可に因りて義務を負担せざる理由如何

（五十二）婦が夫の許可を受けずして爲したる行爲に對する銷除訴權は如何なる塲合に於て消滅するや又其の訴權の時効に付き夫に對する塲合と婦及び其の承繼人に對する塲合と起算點を異にする理由如何

（五十三）夫婦の一方は婚姻の無効を致したる原因を知りたるときより幾干の期間內に於て之れを他の一方に告げざるべからざるや（民法人事篇第七十七條參看）

○第五章　離婚

（一）協議の離婚に關する條件及び方式如何
（二）離婚は如何なる原因あるときは之れを請求することを得るや
（三）特定原因の離婚に付き爲すべき假處分の性質及び其の方法を說明すべし
（四）民法人事篇第八十六條に「離婚の請求を爲す一方に對して離婚の原因存するときは他の一方も反訴を以て離婚を請求することを得」とあり反訴を以て離婚の請求を爲し得ると否とは民法上如何なる利益あるや
又同條第二項に於て「前條第三號及び第四號に記載する（重罪又は輕罪の刑に處せられたる）者は他の一方の處刑を原因として離婚を請求することを得ず」とある規定の基く理由如何
（五）民法人事篇第八十八條に於て離婚の原因は通常の證據方法を以て證明することを許せるに拘はらず自白のみを以て證することを禁じ又卑屬親を除く外の親族姻族及び雇人に關する忌避の規定を適用せざらしめたり問ふ右の特例を設けたる理由如何

(六) 甲女あり嘗て他人の妻たる事實を隱蔽して乙男と婚姻せり乙男は右を理由として婚姻の取消を求むることを得るや
(七) 甲癩病者癩病たる事實を隱蔽して其の娘乙者を丙者に嫁せしめたり丙者は結婚の後に至り甲者の癩病なる事實を隱蔽せしことを發見し之れを條件として甲者と乙者とに對し離婚の訴を提起したり右訴訟の當否如何
(八) 法律に於て協議の離婚を許したる理由如何
(九) 育兒院に在りて父母の知れざる子が院長の許諾を受けて婚姻を爲したる後或る適當なる原因の存するにより協議の離婚を爲さんとするときは別に院長の許諾を受くることを要せざるや
(十) 協議離婚は何れの時に於て其の効力を發生するや
(十一) 離婚の原因たる姦通に關して夫婦の間に差異を設けたる理由如何
(十二) 夫が其の婦に對して腕力を用ひ強て其の意に從はしめんとし又は婦の重大なる疾病を引起すべき等のことをも顧みずして其の情慾を逞ふするが如き所爲あるときは之れを以て離婚の原因と爲すことを得るや
(十三) 甲女あり嘗て乙男と通じて懷胎したるを隱蔽して丙男と婚姻し後幾もなく

其の事發覺したり丙男は之れを理由として離婚を求むることを得るや如何

（十四）假令犯行たる事實は重罪なりとするも宥恕其の他の原因により減等せられて實際科せられたる刑罰が輕罪の刑たるに過ぎざるときは之れを以て離婚の原因と爲すことを得ざるや（民法人事篇第八十一條第三號參看）

（十五）同居にあらざる尊屬親より婦又は入夫に對する暴虐脅迫及び重大の侮辱ありたる場合と雖も離婚の特定原因と爲すに足るや否

（十六）民法人事篇第八十一條第一號乃至第七號の原因に基く離婚の請求訴權は時効に罹るものなるや否

（十七）離婚の訴訟中裁判所が婦の移居すべき家屋を指示するに當り豫め夫の意見を聽くことを要するは何の爲めなるや又裁判所は其の意見に從はざるべからざるや

（十八）離婚の訴訟中當事者の一方が其の住家を去るに付き入夫又は婿養子なると婦なるとにより其の手續上如何なる差異ありや又其の差異ある理由如何

（十九）離婚の訴訟中に於て夫婦の一方が死去したるときは其の相續人に對して訴訟を續行することを得べきや

（二十一）民法人事篇第九十條第二項の場合に於て子の監護を命せられたる他の一方又は第三者が之れを拒絶したるときは如何に之れを處分すべきや

○第六章　親子

（一）庶子及び私生子の嫡出子と爲るには如何なる條件を要するや
（二）嫡出子の分限を證明する方法如何
（三）民法人事篇第九十一條の百八十日又は三百日の期間は時を以て計算すべきものなりや得た日を以て計算すべきものなりや
（四）民法人事篇第二百九十一條に規定せる原因によりて出生證書を呈出することと能はざるの場合に於ては證人又は私の書類と身分の占有との二個の證據方法を許し其の他の原因によりて出生證書を呈出することと能はざるときは唯だ身分の占有なる一個の證據方法の外之れを許さゞるは如何なる理由なるや
（五）身分の占有とは如何
（六）出生證書と身分の占有との差異如何
（七）身分の占有を構成する事實は人證にて可なりや將た書證の端緒を要するや

（八）民法人事篇第九十四條第一號乃至第三號の各事實が中途にして一時斷絶したるときは身分の占有を搆成するに足らざるか
（九）夫婦の雙方に對して嫡出子たる景狀に在るにあらざれば身分の占有を搆成せざるや否や
（十）法律に於て親子の分限に關しては身分の占有を以て一個の證據方法たることを許したるに何故に婚姻に關しては之れを許さゞるや
（十一）民法人事篇第二百九十一條に列擧したる原因によりて出生證書を呈出することを能はざるときは第九十三條の塲合の如く證人又は私の書類を以ても庶子若くは私生子の分限を證明することを得るや如何
（十二）父たる者一旦私生子を認知して庶子と爲したるときは最早之れを廢滅することを得ざるや
（十三）私生子にして胎内に在る者又は死亡せる者は之れを認知することを得べきや
（十四）父は其の認知したる庶子を自己の住家に入るゝことを得るや
（十五）庶子の認知は父自ら身分取扱吏に爲したるに非ざるときの外は如何なる塲

合に於ても有効なりや

（十六）庶子の認知が眞實にあらざるときは其の認知を癈滅せしむることに付き利益を有するものは凡て之れを訟爭することを得るものなりや

（十七）庶子の出生屆及び認知は部理代人をして之れを爲さしむることを許さゞるや否

（十八）適法なる庶子の出生屆及び認知には如何なる條件の具備することを要するや

（十九）父は私生子と看做されたる者の父なりと自ら宣明して其の者の庶子たることを認知するに當り同時に其の者の母の誰なるを指定することを得るか

（二十）父が庶子たることを認知するに當りては母の承諾を得ることを要するや否

（二十一）否認訴權は何れの時に發生し何れの時に消滅するや

（二十二）否認訴權は夫の相續人に於て之れを繼受することを得ざるや若し果して然りとせば其の理由如何

（二十三）夫が刑事上の禁治產を受けたるときは何人が否認訴權を行ふべきや

（二十四）夫が子の出生の當時遠隔の地にありたりしと雖も其の後直に歸宅して其の出生を知りたるときは如何なる期間に於て否認訴權を行使することを要する

や
（二十五）父母の婚姻によりて庶子又は私生子をして嫡出子たるの權利を得せしむるは果して公益に合するや否
（二十六）婦の姦通を原因として離婚の訴訟を提起したる夫が訴訟中死去したるにより離婚に至らずして止みたる場合に於て若し婦が姦夫と婚姻を爲したるときは其の姦通の爲めに生じたる子は相姦者雙方に對して嫡出子たることを得るや否
（二十七）庶子又は私生子は何れの時に至りて嫡出子たるの權利を有するや又其の効力が出生の時に溯及せざる理由如何

○第七章　養子緣組

（一）養子緣組に必要なる條件を述ぶべし
（二）何故に養親たるべき者は養子と爲るべき者より年長にして成年以上たることを必要とするや
（三）法律は家督相續を爲すべき男子ある場合に限りて養子を爲すことを禁じ而し

て其の女子ある場合に之れを禁せざるは何故なるか

(四)家督相續を爲すべき女子ある場合に更に女子を養子と爲すことを得るや

(五)甲者あり乙丙二人の男子を有し乙者を以て家督相續人と爲し丙者を以て他家の養子と爲したり然るに乙者の妻丁者偶々懷胎したるも未だ分娩せざるに先ち乙者俄然病を以て死せり問ふ此の場合に於て甲者は養子を爲すことを得るや

(六)戶主にあらざる者は何故に養子を爲すことを許さゞるか

(七)長子は如何なる場合に於ても他人の養子と爲ることを得ざるや

(八)民法人事篇第百十一條第三項の必要の有無を決定するは何人の權利に屬するや

(九)外國人を養子と爲すを得ざる理由如何

(十)如何なる養子緣組の場合と雖も必ず民法人事篇第百十四條の各號に規定したる書類を呈出することを要するや

(十一)他人の養子と爲るに成年者たることを要すと云へる學說の當否如何

(十二)繼父又は繼母が親族會に相談せず又は相談人に相談せずして養子緣組を承諾し又は許諾を與へたるときは其の承諾又は許諾は有効なりや否

(十三) 婿養子緣組と普通養子緣組との差異如何

(十四) 養子緣組に必要なる條件の欠缺するときは身分取扱吏は養子緣組の儀式を差留むるの權力なきや(民法人事篇第百十四條第百二十一條參看)

(十五) 遺言を以て或る男子を養子と爲す場合に於て若し其の養子を爲す者の死亡の日に家督相續を爲すべき卑屬親たる女子の存在するときは其の遺言は効力を失却するものなるや

(十六) 養子緣組の不成立は何人に限らず何時にても之れが申立を爲すことを得るや

(十七) 如何なる場合に於ては養子緣組は絕對的に無効にして如何なる場合に於ては相對的に無効なるや

(十八) 檢事が婚姻の無効訴權を行使する場合と養子緣組の無効訴權を行使する場合とに於て其の期間に差異を設けたる理由如何(民法人事篇第五十六條第二項第百二十八條第二項參看)

(十九) 民法人事篇第百九條但書の規定に違背したる養子緣組を戶主が旅行其の他の事由によりて之れを知ることを得ざる間に三ヶ月を經過したるときは其の無

効訴權は時効に罹るべきや否

(三十) 强暴に原因する無効訴權の期間に付き婚姻と養子緣組との間に如何なる差異ありや又其の差異ある理由如何

(三十一) 養子は養子緣組の日より如何なる權利義務を有するや

(三十二) 法律が養子緣組の効力を既往に溯らしめざる理由如何

(三十三) 民法人事篇第百三十五條の所謂「相續」とは單に遺產相續のみを指したるや將た家督相續をも指したるや

(三十四) 既に他家の推定家督相續人と爲りたる者又は推定家督相續人を有する者が其の事實を隱蔽して養子緣組を爲したる場合に於て當事者は何故に罰則の制裁を受くることなきや(民法人事篇第七十六條第七十七條參看)

○第八章　養子の離緣

(一) 乙者甲者の養子と爲れるも甲者の性質極て吝にして貲財あるにも拘はらず乙者の敎育の料を供給せざるを以て乙者は已むを得ず他人より金壹百圓を借受け內金七十圓を自己の敎育費に充て其の餘は之れを養家の爲めに消費せり後甲者

は此の事を覺知して大に怒り乙者の行爲を以て民法人事篇第百四十條第四號に該るものとして離縁の請求を爲したり
右甲者の請求は正當なりや否

（二）離縁の特定原因と離婚の特定原因との差異を詳説すべし
（三）離縁の訴訟中裁判所は養子をして住家を去らしむるに當り其の養子の移居すべき家屋を指示することを要せざるか離婚の場合と比較して論述すべし
（四）離縁は養子の家督相續後之れを爲すことを得ざる理由如何
（五）養子は家督相續後に至り養親に對して離縁を求むることを得ざるか

○第九章　親權

（一）親權と後見人との差異如何
（二）親權の意義及び其の之れを設けたる立法上の理由如何
（三）親權の及ぶべき範圍如何
（四）父が親權を行ふこと能はざる場合を列擧すべし
（五）親權を行ふ寡婦が再婚して他家に入り又は入夫を迎へたるときは何人か親權

を行ふべきや

(六)父が死亡するも直に後見を開始せず尙は母をして親權を續行せしむる理由如何

(七)父若くは母が其の子に對して過度の懲戒を加へたるときは如何なる制裁を受くべきや

(八)民法人事篇第百五十二條末項の抗告事件は裁判所に於て休暇事件と同じく之れを取扱ふべきものなりや

(九)親權を行ふ父が其の子の財產を管理するに付ての注意と後見人が其の被後見人の財產を管理するに付ての注意と其の程度に於て如何なる差異ありや又其の差異ある理由如何

(十)子が特有財產を取得する原因如何

(十一)遺贈又は贈與を爲すものが民法第百五十六條但書の推測に反する條件を附したるときは如何なる結果を生すべきや

(十二)母は其の子の身上に對する親權を辭することを得ざるも其の財產の管理はこれを辭することを得る理由如何

（十三）嫡母、繼父又は繼母が親權を行ふ場合に於ては如何なる制限に從はざるべからざるや

（十四）親族會か嫡母、繼父又は繼母を信用するの厚きよりして相談人を附するの必要なしと宣言したる場合に於て嫡母、繼父又は繼母が如何に親權を行使するも區裁判所は之れを不當として親權行使の禁止を宣告することを得ざるや

（十五）相談人なる者は必ず常に存在することを要するや否

○第十章　後見

（一）後見人の職務の大要を説明すべし

（二）源氏の家に甲者あり齢始めて十三養はれて平氏の家を嗣く其の未丁年者たるの故を以て乙者後見人たり而して乙者は其の後見人たるの資格により自己の名を掲け又甲者の名をも列ね丙者より金一千圓を借用し證書を交付せり期滿ちて訴へられ裁判確定す乃ち平氏の財産中より右金圓を辨濟したり然るに甲者の實父源氏の丁者大に怒り乙丙兩人を相手取り右借用證書廢棄の訴を提起せり其の當否如何

但平氏の家には甲者の外尙ほ親族あり而して丁者は甲者の實父なれは自然の後見人たる資格に依り訴權を有すと主唱せり

（三）後見の意義及び其の種類如何

（四）後見は如何なる塲合に於て開始するや

（五）後見人が後見を承諾せす又は其の任務を怠るときに於て區裁判所が命する所の代務人なる者は利害關係人又は撿事の請求したる人たることを要するや否

（六）代務人に任命せられたる者が其の代務を承諾せざるときは如何に之れを處分すべきや

（七）親權を行ふ父が後見人を指定したる後に死亡し母が之れに代りて親權を行ふ塲合に於ては母も亦後見人を指定することを得るか

（八）法律は何故に高祖父以上の尊屬親又は祖母を以て後見人たることを得せしめざるや

（九）後見人撰定の爲めに招集せられたる親族會が後見人を撰定せざりしときは法律上如何なる制裁かある

（十）民法人事篇第百六十八條の塲合に於て後見人設定の爲めに親族會を招集する

ことを請求する權利を撿事に與へざるは何故なるや
（十一）後見監督人を設くるの必要如何
（十二）親族會の目的及び其の之れを成立する手續、順序如何
（十三）成年なる戸主死亡して未成年なる家族のみを遺留せるが如き場合に於て最近親族が怠りて親族會を組成せざるときは法律上如何に之れを處分すべきや
（十四）民法人事篇第百七十一條の場合に於て或る者か未成年者に縁故を有する者なるや否は何人に於て之れが決定を爲すべきものなりや
（十五）本家及び分家の戸主は親族會に於て議決の數に加はることを得べきものなりや將た單に列席の權を有するのみに止まるや又其の議決の數に加はるの權を有すると列席の權を有するとは其の効果に於て如何なる差異あるや
（十六）親族會の招集を請求し得べき者如何
（十七）父又は母が生前に於て成年の戸主以外の人を以て後見人に指定したるときは其の戸主は後見人に對して如何なる資格を有するや（民法人事篇第百七十三條參看）
（十八）法律上後見人たることを免除せらるゝ者及び後見人たることを得ざる者如

何又此の二者の間には如何なる區別ありや

（十九）未成年者の身分又は財產に對して訴訟を爲す人の兄弟姉妹は後見人たるの資格なきや否若し其の資格ありとせば其の理由如何

（二十）後見又は親族會より除斥、罷黜せらるべき者を列擧すべし

（二十一）後見人たる者が法律の規定に背きて未成年者の財產目錄を調製せざるときは之れを如何にすべきや

（二十二）民法人事篇第百九十條の費用額を定むるに付き後見人と親族會と協議整はざるときの處分如何

（二十三）民法人事篇第百六十三條の代務者と第百九十條の管理者とは其の性質に於て如何なる差異ありや

（二十四）後見人は如何なる行爲に關しては親族會の許可を受くることを要するや

（二十五）後見監督人の任務の大要を說明すべし

（二十六）未成年者と後見人との間に利益相反するとき後見監督人が未成年者を代表するは即ち後見監督人が後見の職務を行ふものなりとの說あり其の當否如何

（二十七）後見監督人は常に必ず存在することを要するものなりや若し存在すること、とを要せざるものとせば其の存在せざるに當りて未成年者と後見人との間に利益相反する塲合を生ずるときは之れを如何にすべきや

（二十八）後見人の爲すべき監理行爲と後見監督人の爲すことを得る保存行爲との差別如何

（二十九）後見は如何なる塲合に終了するや

（三十）民法人事篇第二百二條の後見人の相續人が後任の後見人の任務に就くまで管理を繼續すると第二百三條の後見人が其の計算を終了するまで管理を繼續するとは其の間に差異あるものなりや

（三十一）後見の決算は如何なる手續により如何なる人に對して之れを爲すべきや

（三十二）後見人の死亡に因り後見管理の終了したるときは後見人の相續人は後見の決算を爲すべき義務なきや如何

（三十三）後見人と未成年者の成年に達したる者との合意にして後見の決算前に爲したるものは總て無効なりとの原則に對する例外の塲合ありや

（三十四）後見人と未成年者の自治產を得たる者との合意にして後見の決算前に爲

したるものは有効なりや將た無効なりや

（三十五）豫算の定額を超過したる後見の費用にして未成年者の負擔に屬すべきものは必要にして且有益なるものならざるべからずとの說あり如何

（三十六）後見人より未成年者に返濟すべき金額と未成年者より後見人に返濟すべき金額とは其の利息發生の時期に於て如何なる差異ありや又其の差異を設けたる理由如何

（三十七）後見の計算に關する訴權の時效は果して普通の時效より之れを短縮するの必要あるか

（三十八）後見の計算に係る自治產を得たる未成年者の訴權は何れの時より時效の期間を起算するや

○第十一章　自治產

（一）當然の自治產と許可上の自治產とは結果に於て如何なる差異あるや

（二）自治產の効力は父母又は親族會が之れを許可すると同時に法律上の効力を生ずべきものなりや將た身分取扱吏に届出たる後始めて其の効力を生ずべきもの

（三）親權に服する未成年者と後見に服する未成年者との間に於て自治產許可の年齡に付き差異を設けたるは如何なる理由に基くや
（四）保佐人と後見人との差異如何
（五）親權を行ひたる父が生前に於て未成年者に自治產を許したるときは母は背て親權を行ひたることなきも當然保佐人と爲ることを得るや（民法人事篇第二百十六條第二項參看）
（六）夫は未成年なるも其の婦の保佐人と爲ることを得るや如何其の理由を詳述すべし
（七）法律の規定に背きて自治產の未成年者が保佐人の立會なくして或る行爲を爲したるときは其の效力如何
（八）自治產の未成年者が保佐人の立會なくして爲すことを得ざる行爲如何
（九）夫が其の未成年なる婦の保佐人と爲りたる塲合に於ける責任如何（民法人事篇第二百二十條參看）
（十）當然の自治產者にして或る原因によりて婚姻の關係消滅し尙ほ未だ成年に達せざる塲合に於て不行跡又は財產管理の失當によりて自治產者たるに適せざる

ことの顯然たるときは其の自治產を廢止することを得るや

（十一）未成年者は其の不行跡又は財產管理の失當によりて自治產者たるに適せざるが爲め自治產を廢止せられたるときは再び自治產者と爲ることを許さゞる理由如何

（十二）甲者あり生存中其の子乙者の爲めに遺言を以て實弟丙者を保佐人に指定し幾もなく死亡せり但し乙者の實母は現に生存す右丙者の保佐人は有効なりや否

○第十一章　禁治產

（一）民事上の禁治產と刑事上の禁治產との區別如何

（二）禁治產の種類及び其の區別如何

（三）心神喪失の常況に在る者とは如何なるものを指すや

（四）民事上禁治產の處分を爲すには如何なる條件を要するや

（五）未成年者に對して禁治產の處分を爲すの必要あるか

（六）禁治產言渡の裁判が總ての人に對して既判力を有するは證據法上既判力の原

則に對して例外を爲すものなるや

（七）禁治產の言渡ありたるときは如何なる効果を生ずるや

（八）禁治產の裁判言渡前に於て本人死亡したるときは其の禁治產請求の後に爲したる行爲にして若し其の當時喪心たりしことの明確なるに於ては相續人は民法人事篇第二百三十條第二項を援用して銷除訴權を行ふことを得べきや

（九）禁治產の塲合に於て未成年の夫若くは婦は當然其の一方の配偶者の後見人と爲ることを得べきや否（民法人事篇第二百二四十四條第二項參看）

（十）禁治產の塲合に於て親權行使の禁止を宣告せられたる繼父は當然其の子の後見人たることを得るは民法人事篇第二百二十四條第二項の規定によりて明なり然らば何故に親權行使の禁止を宣告せられたる繼母には此の權利を與へざるや

（十一）禁治產の言渡を受けたる者が一時本心に復したる塲合に婚姻を爲し又は私生子の認知を爲したるときは其の行爲は法律上有効なりや否

（十二）未成年者の後見人と禁治產者の後見人とは如何なる點に於て差異あるか

（十三）父母が後見人たる塲合に於て自己の費用を以て禁治產者たる其の子を病院に入らしむるときと雖も親族會の決議を得ることを要するや

（十四）禁治産の處分を請求することを得るものと禁治産の解止を請求することを得るものとの間に如何なる差異ありや又其の差異ある理由如何
（十五）准禁治産と自治産及び禁治産との差異如何
（十六）刑事上禁治産の處分を受けたる者が遺言を以てするときは其の財産を處分することを得るは如何なる理由によれるや
（十七）後見人が刑事上禁治産者の財産を以て其の子孫の敎育、婚姻又は營業の資に供せんとするに付ては別に親族會の許可を得ることを要せず單に禁治産者の同意を得るを以て足れりと爲したる理由如何
（十八）民事上禁治産と瘋癲者の財産の假管理との差異ある諸點を列擧せよ
（十九）瘋癲者の假管理人と禁治産者の後見人との區別如何
（二十）瘋癲者が入院中又は監置中に爲したる行爲を銷除するには單に行爲の當時在院中又は在監中なりしことを證するを以て足れりとするや將た其の行爲は喪心にて爲したるものなることを證せざるべかざるや

○第十三章　戸主及び家族

(一)戸主は如何なる場合に於て其の家を廢することを得るや
(二)甲婦あり其の生家より分家し後生家に告知せず甲婦隨意に分家を廢し更に乙男の家に嫁し又幾くもなく乙男より離婚せられたり此の場合に以て甲婦の戸籍は生家に送附し得るや否
(三)戸主が家族に對して有する權利義務と家族が戸主に對して有する權利義務を説明すべし
(四)分家と一家の新立との區別如何
(五)我民法の家とは如何なるものを云ふや
(七)民法人事篇第二百四十三條の所謂「其家に在る親族姻族」とは如何なる意義なりや
(七)戸主が家族に對して養育の義務を負担するは民法人事篇第二十六條以下に規定したる養料の義務を負担する者が其の義務を盡すこと能はざる場合に限るべきや將た家族の父母あるに拘はらず戸主は其の家族に對して普通教育の費用を負担せざるべからざるや
(八)家族が戸主の許可を受けずして其の住家を去りたるときは戸主は區裁判所に

申請して仮家せしむることを得べきや

（九）戸主は如何なる場合に於て家族に對して養育及び普通敎育の費用を負担するに及ばざるや

（十）家族が其の家の爲めに消費したる財產は何故に戸主に對して償還を求むることを得ざるや

（十一）父が隱居を爲したる後に至りて婚姻を爲さんとするときは戸主たる其の子の許諾を受けざるべからざるか

（十二）家族が戸主の許諾を受けずして婚姻又は養子緣組を爲したるときは戸主は之れに對して無効訴權を行ふことを得べきや

（十三）戸主は其の家族が離婚又は離緣を爲さんとするに當り之れを許否するの權力なきか

（十四）他家に入りて夫又は婦と爲りたるものが其の配偶者の死亡後に至るも尙は婚家より更に他家に入ることを得ざるは何故なるか

（十五）實家に復歸すべき者又は復歸せんとする者が復歸することを能はざるにより一家を新立したるときは其の戸主は何れの家の氏を稱すべきや

（十六）推定家督相續人が戸主の許諾を受けずして婚姻を爲したるときは戸主は其の婚姻に對し無効訴權を行ふことを得べきや

（十七）甲家の女戸主區裁判所の許可を得て其の家を廢し乙家の男戸主と婚姻を爲したる後故あり離婚を爲したるときは前の女戸主は法律上如何なる位地を得べきや

（十八）婚姻若くは養子縁組の無効又は離婚若くは離縁によりて婚家又は緣家を去りたる者は配偶者又は養子を爲せし者と協議の上兩家の戸主の許諾を受けたるときは假令其の家に在る卑屬親にして推定家督相續人たる者と雖も之れを自家に引取ることを得るや

（十九）如何なる塲合に於て絶家し如何なる塲合に於て一家新立するや

（二十）戸主權と後見權との差異を明示せよ

○第十四章　住所

（一）住所の意義及び住所を定むるの必要如何

（二）日本人は外國に住所を定むることを得るや

（三）住所と本籍との關係如何
（四）我法律の認むる住所の種類及び其の區別を詳說すべし
（五）入夫婚姻の場合に於て女戶主死亡し未成年の男子が家督相續を爲し入夫其の上に親權を行ふとき又は普通婚姻の場合に於て戶主たる父死亡し其の未成年の男子が家督相續を爲し其の母之れに對して親權を行ふときに於ては何れも後見人の資格を有せざるにより戶主の住所を變更することを得ざるや（民法人事篇第二百六十三條第二項參看）
（六）家族は戶主と異れる住所を有することを得べきや
（七）如何なる場合に於て居所を以て住所に代用するか

○第十五章　失踪

（一）失踪の意義如何
（二）失踪の推定は何れの裁判所に於て之れを爲すべきや又其の行政官廳に於て之れを爲すことを許さゞる理由如何
（三）民法人事篇第二百七十條に所謂「現實の利益を有する關係人」とは如何なる人を

指すや

（四）失踪の推定を受けたる者が總理代理人を定め置きたるときの財產管理方法如何其の理由と共に之れを詳述すべし

（五）失踪の推定を受けたる者の代理人又は管理人の權利義務如何

（六）失踪の推定は如何なる塲合に於て終了するや

（七）失踪者が代理人を定め置きたると否とによりて失踪の宣言を請求する時期に差異を設けたるは如何なる理由によれるか

（八）民法人事篇第二百七十六條の七ヶ年又ハ五ヶ年の起算點は失踪者が音信を發したる日を指すや將た其の音信の到着したる日を指すや

（九）民法人事篇第二百七十六條の所謂「失踪者の死亡に因りて發生する權利を其財產上に有する者」とは如何なる人を云ふや

（十）裁判所が失踪の宣言を爲すに付ての要件如何

（十一）國家が失踪者に屬する財產の占有を爲すに付ても尙ほ担保を供するの義務ありや（民法人事篇第二百八十一條參看）

（十二）失踪宣言の効力は如何なる塲合に於て終了するか又其の終了によりて失踪

者の財産上に生ずる結果加何

(十三)我民法に於て失踪者が亡失又は最後音信の日より十ヶ年内に現出するときは果實の五分の一を取戻すことを得るも十ヶ年後なるときは其の全部を失ふことゝ爲したるは如何なる理由によれるか

(十四)甲なる妻あり其の夫乙者を遺留して亡失し而して乙者も亦其の後一ヶ年を經て丙なる弟一人を遺して死亡したり是れに於てや甲者の財産は乙者の占有に皈したるも乙者は已に死亡したるを以て其の財産は乙者の財産と共に之れが相續人たる丙者の占有する所と爲れり然るに失踪宣言より若干年を經過したる後に至り甲者は其の亡失したる時より三年を經て死亡したること明確と爲れり此の場合に於て甲者の財産は何人の相續すべきものなりや

(十五)民法人事篇第二百八十四條の三十年なる期間は時效に罹るものなりや否

(十六)失踪者の相續順位に在る者が他の財産を占有する者より果實を取戻すに付き其の請求が十ヶ年內なるときは其の五分の一を得十ヶ年後なるときは其の全部を失ふものなることは民法人事篇第二百八十四條第二項の定むる所なり然らば其の十ヶ年なる期間は何れの時より起算すべきや

(十七) 民法人事篇第二百八十五條の所謂「失踪して生存の確實ならざる人に皈すべき權利」とは如何なる權利を指すや

(十八) 失踪者と不在者との區別如何

(十九) 不在者の財産は如何なる塲合に於て保存處分を爲すことを得るか

(二十) 不在者の推定家督相續人は不在者の財産に對し保存處分を請求することを得るか(民法人事篇第二百八十八條參看)

○第十六章　身分に關する證書

(一) 身分とは如何

(二) 身分は身分證書を以て證することを要すとの原則に對する例外の塲合を詳說すべし

(三) 身分證書の訂正は何故に裁判を以てするにあらざれば之れを爲すことを得ざるや

○第二編　財産

○第一章　財産及び物の區別

（一）行爲、權利、義務等は如何なる塲合に於て物と稱することを得べきや
（二）精神的財産の性質を說明すべし
（三）不融通物と讓渡すことを得ざるものとの區別如何
（四）執達吏某或る者の債務執行の爲めに其の祖先の墓碑及び其の墳墓中の寳物を差押へ之れを公賣に付せり其の買得者は右の物に對し所有權を取得するや否
（五）土地に附着せる果實は常に不動産なるや若し然らずとせば其の塲合如何
（六）物權と人權との區別及び其の之れを區別するの利益如何
（七）用方に因る動産とは如何なる物を謂ふや
（八）動産が用方に因る不動産と爲るには如何なる條件の具備することを要するや
（九）動産と不動産との區別及び其の之れを區別する利益如何
（十）物權と對世權とは同一なりや否若し同一ならざるものあらば其の點を擧示せよ
（十一）物の主從は狹義に於けると廣義に於けるとに付き如何なる區別ありや
（十二）無主物と公共物との區別如何

（十三） 海灣は國の所有なりや否
（十四） 物と財産との區別如何
（十五） 法人と各人との異同を詳説すべし
（十六） 甲者乙者に對し一の家屋を築造せんことを約したる場合に於て甲者若し其の義務を履行せざるときは乙者に生ずる損害要償の訴權は動産上の權利なりや將た不動産上の權利なりや
（十七） 蜜蜂の巣は我が民法は認めて動産と爲したるや將た不動産と爲したるや併せて其の理由を詳述すべし
（十八） 法律を以て物權の種類を限定するの必要あるや
（十九） 人權にして民法上財産と稱すべきものは如何なるものに限るべきや
（二十） 吾人の權利にして民法上財産と爲るべきものと否らざるものとを區別すべき標準如何
（二十一） 物權は總ての人に對抗することを得べきも人權は總ての人に對抗することを得ざるや（民法財産篇第二條第三條參看）
（二十二） 著述者の著書の發行、技術者の技術物の製出及び發明者の發明の施用に付

ての權利は何故に其の規定を特別法に讓りて民法に規定せざるや

（二十三）前問題の諸權利は物權なりや將た人權なりや若し之れを物權なりとせば何故に民法財產篇第二條中に列記せざるや

（二十四）民法財產篇第六條第三項第三號の所謂會社と共通とは如何なる點に於て區別すべきや

（二十五）有體物と無體物との區別及び其の之れを區別する法律上の必要如何

（二十六）民法財產篇第一條の物は財產にあらずとの規定は其の第六條の規定と抵觸することなきか

（二十七）性質に因る不動產の種類及び用方に因る不動產との區別如何

（二十八）果實及び收獲物の未だ土地より離れざるものは性質に因る不動產なることは民法財產篇第八條の規定する所なり然るに民事訴訟法に於ては之れを動產として差押を爲すことを許せり是れ果して如何なる理由によれるや（民事訴訟法第五百六十八條參看）

（二十九）民法財產篇第九條に所謂「動產の所有者」は完全所有權を有するものに限るの意義なるか

（三十）鳩舍の鳩、園林の兎、池中の魚、巣中の蜜蜂は用方に因る不動産にあらざるか
（三十一）我民法が釐種を以て用方に因る不動産と爲したる理由如何
（三十二）建物に備へたる疊を以て性質に因る不動産と爲すと用方に因る不動産と爲すと法理上何れか其の當を得たるものとするや
（三十三）修繕中の建物より取離して再び之れに用ふべき材料は何故に用方に因る不動産なるや
（三十四）民法財產篇第十條は財產の區別なるや將た物の區別なるや
（三十五）作爲又は不作爲の義務に對する權利は動產なるか將た不動產なるか
（三十六）甲者乙者より一個の樹林地を買受けたり然るに丙者あり甲者の買受に先ち公正證書を以て乙者より其の樹木のみを買受け之れを伐採するを目的とし來て甲者に樹木の引渡を求む甲者は其の要求に應せざるべからざるや
（三十七）各自平等に權利を有する甲乙二名より成立ちたる一會社あり其の解散後存する所の土地、建物、金錢、器物の類を分割配當したるに甲者は土地と金錢とを得乙者は建物と器物とを得たり右の場合に於て甲乙兩者の所有權は會社解散の日を以て定むべきや將た財產分割の日を以て定むべきや

（三十八）物の主從を區別する必要如何
（三十九）包括物と聚合物との區別如何
（四十）特定物と定量物との區別を爲す必要は何れに在りや
（四十一）消費物と不消費物との區別及び其の之れを區別するに付き法律上如何なる利益ありや
（四十二）通用貨幣は消費物にあらざるか
（四十三）代替物の種類及び代替物と不代替物との區別如何
（四十四）智能上分割することを得ざる物とは如何なるものを云ふか
（四十五）不可分物の種類及び其の之れを可分物と區別するに付き如何なる利益ありや
（四十六）所有物と非所有物とを區別するの實益如何
（四十七）公の法人に屬する公有物と私有物とを區別するの必要如何
（四十八）鐵道は公有物なるや否
（四十九）民法財產篇第二十二條に「公の法人に屬し國用に供したる物は公有の部分を爲す」とあり然らば一國全般の用に供せざる物即ち府縣、市町村の公用に供した

る物は公有物にあらざるや如何

（五十）民法財產篇第二十三條第二項の無主物と第二十四條の無主物との區別如何

（五十一）融通物と不融通物とを區別するの實益如何

（五十二）民法財產篇第二十七條第二項の所謂「要役地より分離したるものと看做したる地役」とは如何なるものなりや

（五十三）時効に罹らざる物と不融通物及び讓渡すことを得ざる物との差異如何

○第二章　物權

○第一節　所有權

（一）所有權とは如何なる原素を以て組成したるものなるか

（二）共有者の處分權に付き法律上の處分權と事實上の處分權との間に如何なる差異あるや

（三）所有權には期限を付することを得さるや如何

（四）共有者は其の所有物に關し相互に如何なる權利義務を有するや

（五）各人の所有權と國の所有權との間に存する差異如何

（六）保險契約より生ずる權利は所有權の附從物なるや否其の理由及び効果を說明すべし

（七）土地家屋を有する甲者あり其の土地のみを他に抵當と爲したるに後辨濟滯りたるより其の土地は競賣に附せられ乙者其の競落人となりたり然るときは乙者は甲者に對して家屋取除の請求を爲し得るか

（八）民法財產篇第四十條の規定に付き左の二說あり

一、該條は共有物に關する變例の規定なり

二、該條は共有物に關する規定にあらずして單に數人が相隣して各自に各物を所有するに過ぎざる規定なり

右兩說の可否如何

（九）著述發明等の權利は所有權なるか將た特許權なるか

（十）憲法には公益の爲め法律を以て所有權を制限することあるべき旨を定め民法には法律の外尙ほ合意と遺言とを以て所有權を制限することを得る旨を定めたり然らば憲法と民法とは其の規定に於て矛盾する所なきや如何（憲法第二十七條民法財產篇第三十條第二項參看）

（十一）不動産の公用徴收に必要なる條件如何
（十二）動產の公用徴收は每回定むる特別法に依るに非ざは之れを行ふことを得ざる理由如何
（十三）土地の私有權と鑛物の所有權とを分離するの必要如何
（十四）所有權は如何なる爲めに之れを有するの必要あるか
（十五）共有と會社との差異如何
（十六）共有の種類を列擧し併せて其の差異を說明すべし
（十七）共有者の一人は其の自己の持分外に付き賃貸を爲すことを得るや如何
（十八）各共有者は如何なる反對の合意あるも常に共有物の分割を請求することを得る理由如何
（十九）各共有者の分割請求權は時効に因りて消滅することありや
（二十）數層の樓を爲せる一個の家屋の最上層を有する者は更に其の上に一層の增築を爲すことを得るか
（二十一）取得の解除、銷除及び廢罷は果して所有權消滅の原因と爲るや否
（二十二）自己の所有物を讓渡せざるべき旨の契約は有效なりや否若し之れを有効

なりとせば其の契約は如何なる効果を生すべきや

○第二節　用益權、使用權及び住居權

○第一款　用益權

(一)用益權と賃借權とは如何なる點に於て區別あるか
(二)法律に因る用益權なる者ありや若し之れありとせば其の性質を說明すべし
(三)群畜の用益者が其の一部を處分するは用益權の性質に戻ることなきや
(四)混同は用益權消滅の原因にあらざるか
(五)用益權と使用權との間には如何なる差異ありや
(六)用益者が相應なる擔保を供する能はず且つ當事者間に別段の合意なきときは如何に之れを處分するか
(七)用益者が大修繕を爲すの義務を負擔する場合ありや
(八)用益權を讓渡したるときは之れと同時に虛有者に對する義務をも移轉するか
(九)用益の方法に於て用益者と所有者との間に如何なる差異ありや
(十)用益權消滅の原因如何

（十一）虚有者は用益者に對して如何なる義務を負ふや又其の義務より生ずる結果如何
（十二）用益權上の用益權なるものありや
（十三）用益者は如何なる場合に於て虚有者に對し擔保を供するの義務を有し又如何なる場合に於て此の義務を有せざるや
（十四）用益者が未だ分離せざる果實を其の儘にて賣却し買受人も亦其の分離を爲さゞる間に用益權已に消滅したるときは其の結果如何
（十五）用益者か用益權消滅のときに收去することを得べき物に付き虚有者が先買權を行ふ場合に於ては其の物の所有權は何れの時虚有者に移轉するや
（十六）用益權の成立條件如何
（十七）民法財産編第四十四條に所謂元質と本體との區別如何
（十八）用益權は一の支分權にして大に物の融通改良を妨碍するの弊害あるにも拘はらず我民法が之れを許したる理由如何
（十九）民法財産篇第四十六條第二項に依れば終身年金權の上にも用益權を設定することを得るなり然るに終身年金權は其の性質固より人權にして人權なる終身

年金權の上に物權なる用益權を設定することを得るものとするときは第四十四條に於ける用益權の定義に背戻することなきや如何

（二十）終身年金權の上に設定したる用益權は物權なるか又は人權なるか若し物權なりとせば其の理由如何

（二十一）民法財產篇第四十六條第二項に於て終身年金權の上に用益權を設定することを得る旨を明言したるも無期年金權に付ては何等明言することなきは何故なるや

（二十二）用益權は何れの時に於て開始するや

（二十三）用益物引渡の時に當り虛有者か其の物を修繕するの責に任せざる理由如何

（二十四）虛有者が耕耘培養したる果實にして其の未た收取せざる前に用益者が收益を始むることを得るに至りたるときは何故に用益者は其の耕耘培養の費用を賠償することなくして之れを收取することを得るや

（二十五）民法財產篇第五十條第二項の塲合に於て虛有者が未だ耕耘、種子、栽培の費用を辨濟せざるときは償權者は用益者に對して之れが請求を爲すことを得るか又其の虚有者が未だ耕耘、種子、栽培の費用を辨濟せざるに用益者が收益を始むることゝなりて其の果實が尙ほ土地に附着するときは種子、肥料の供給者及び農業稼人は用益者の債權者に對して先取特權を主張することを得るや(民法債權擔保篇第百五十三條以下參看)

(二十六) 果實の種類及び產出物との區別如何

(二十七) 果實收取の權利に付ては用益者と所有者との間全然異なる所なきや(民法財產篇第五十一條參看)

(二十八) 剪毛季節に先ち剪取したる羢毛は虚有者に屬するや將た用益者に屬するや若し虚有者に屬するものとせば何故に成熟前に收取したる天然の果實と其の皈屬を異にするか(民法財產篇第五十二條參看)

(二十九) 用益權の目的か債權なるときは用益者は單に利息を收取するに止まり其の元本は之れを領收することを得ざるや

(三十) 用益權の目的たる債權の辨濟期限到來して元本の辨濟を受けたる後は用益者は其の元本に付き如何して收益を爲すべきや

(三十一) 商業資產の意義及び其の商業資產の上に設定したる用益權の性質如何

（三十二）商業資産の用益者は其の商業を繼續營業せざるべからざるや將た之れを廢止することを得るや
（三十三）用益權消滅の時用益者が用益物を提出することと能はせざるときは單に其の提出せざる一事のみに因りて滅失の責に任せざるへからざるや
（三十四）用益者が用益物の滅失の責に任ずべき場合に於て其の賠償額を定むるには用益權開始の時の價額に據るべきや將た用益權消滅の時の價額に據るべきや
（三十五）用益權の上に用益權を設定したるときと用益權を讓渡したるときとの間に如何なる差異ありや
（三十六）畜群の用益者が或る頭數を處分し產出の子を以て其の不足を補ふたる後偶〻流行病の爲めに其の畜群の頭數を減少したるときは用益者は其の減少の責に任せざるべからざるや否
（三十七）特定物の用益者と聚合物の用益者とは其の權利義務に於て如何なる差異あるや
（三十八）用益者が民法財產篇第五十九條の規定に背き時期に先ちて採伐したるときは虛有者は用益者に對し如何なる權利を有するか

（三十九）法律に於て用益者が樹林の樹木を以て用益物の修繕を爲すに付ては單に大修繕の塲合に限りて之れを許し其の石坑の石類を以て用益物の修繕を爲すに付ては大修繕は勿論小修繕と雖も尙ほ之れを許すは何故なるや（民法財產篇第六十條第六十三條參看）

（四十）用益者は如何なる塲合に於て如何なる訴權を行使することを得るか

（四十一）用益權の讓渡とは用益權其の者の讓渡なるか將た單に用益權の行使即ち收益のみの讓渡なるか如何

（四十二）用益權を讓渡したるときは其の之れが保證人は依然讓受人の義務を保證することゝなるや

（四十三）用益者が用益物に改良を加へて其の價額を增したるときと雖も虛有者に對して之れが賠償を求むることを得ざるは如何なる理由によれるや

（四十四）用益物の改良と修繕との區別如何

（四十五）用益權消滅のときに用益者が收去することを得べき物に付き虛有者が先買權を行ふや否を申入るゝに普通の書翰又は使价を以てしたるときの効力如何

（四十六）用益權消滅の時用益者が收去することを得べき物に付き法律の虛有者に先買することを得べき特權を與へたるは如何なる理由に因りて然るや
（四十七）用益者をして用益物の占有を始むる前に動產の目錄、不動產の形狀書を作らしむるの必要如何
（四十八）前問題の動產目錄に其の代價を評定し之れを附記したるときは如何なる効果を生ずるや其の理由と共に之れを說明せよ
（四十九）虛有者は假令用益者に目錄又は形狀書を作成するの義務を免除し用益者が既に收益を始めたる後と雖も民法財產篇第七十四條に依り隨意に之れを作成することを得るか
（五十）虛有者が目錄又は形狀書を作るの義務を免除したるときは用益者は自己の隨意を以て之れを作ることを得ざるか
（五十一）虛有者は用益權設定の後用益者に目錄又は形狀書を作るの義務を免除することを得ざるや如何
（五十二）用益者が目錄又は形狀書を作るの義務を履行せずして收益を始めたる場合に於て其の用益物の實体、價格を證明する責任及び證據方法如何

（五十三）用益者が擔保を供出するを待たずして虛有者が用益物を引渡したるとき は虛有者は爾後擔保の供出を要求するの權利を喪失するものなるや

（五十四）用益者は擔保を供出せざる間は用益物の果實に對し何等の權利をも有せざるか

（五十五）用益者が供出すべき擔保の金額に付き動產なると不動產なるとに因り判事の審判權に如何なる區別ありや又其の區別ある理由如何

（五十六）動產の評價を賣買と見做さゞる場合に於ては何故に其の擔保すべき金額を評價の半額未滿に定むることを得ざるか（民法財產篇第七十八條參看）

（五十七）用益者が設定の權原又は其の後の合意に因りて得たる保證人を立つるの義務の免除は如何なる場合に於て其の効を失ふや又其の効を失ふ所以如何

（五十八）擔保を供出する義務を免除せられたる用益者が其の用益權を讓渡したるときは其の免除の効力如何

（五十九）虛有者が一旦保證人を立つるの義務を免除したるときは如何なる事情あるも其の免除を取消すことを得ざるか

（六十）用益者が善良なる管理人の注意を以て用益物の保存を爲さず又は其の過失

懈怠によりて用益物に損害を生じたるときは虚有者は直に用益者に對して之れが賠償を要求することを得るか將た其の用益權の終了の後にあらざれは之れが要求を爲すことを得ざるか

(六十一) 用益者が用益物を毀損したるに因り其の損害賠賠の責に任ずべき場合に於て若し其の用益物を改良したるときは其の改良より生ずる增價額と損害額との相殺を爲すことを得るや

(六十二) 用益物の全部又は一分が火災にて滅失したるときは法律は何故に用益者に過失ありと推定するや

(六十三) 法律が用益者をして用益物の小修繕を負擔せしむる理由如何

(六十四) 民法財產篇第八十六條第三項に於て屋根の修繕を以て大修繕と爲せり然らば屋根の修繕たる以上は假令一分の修繕と雖も尙ほ之れを大修繕と稱すべきや否

又同條項に所謂牆壁とは如何なるものを指したるか

又同條第三項及び第四項に揭ぐるものを除くの外は如何なる修繕と雖も總て小修繕に屬するか如何

（六十五）動産に係る大小修繕の區別は如何して之れを爲すべきや
（六十六）用益物に小修繕を加ふることの必要と爲りたるときは虛有者は直に用益者をして之れを爲さしむる爲め訴を起すことを得るや
（六十七）用益權の開始したるときに於て既に小修繕を必要とするときは用益者は其の修繕をも負擔せざるべからざるか
（六十八）用益物の大修繕を虛有者に負擔せしむるの可否如何
（六十九）民法財產篇第八十八條の規定は之れを建物以外の物に準用することを得ざるか
（七十）用益物に賦課せらるゝ租稅及び公課は何人に於て之れを負擔すべきや又其の租稅と公課との區別如何
（七十一）用益者が租稅及び公課を負擔するには日割を以てするや將た月割を以てするや
（七十二）租稅を辨濟するに收益を以てするも尙ほ不足を生ずるときは用益者は其の用益權を抛棄するに因りて之れが負擔を免るゝことを得るや
（七十三）民法財產篇第八十九條第三項第二號に所謂「臨時又は非常の性質が明に事

情より生ずるとき」とは如何して其の事情を知ることを得るか

（七十四）我民法に於て用益者が通常の租税を怠納したると虚有者が非常の租税を怠納したるとを問はず總て不動産の完全の所有權を差押へて處分することゝ爲したる理由如何

（七十五）用益者が通常の租税を怠納したるが爲め不動産の完全所有權を差押へて之れを公賣し其の代金を以て怠納租税に充てたる場合に於て若し其の殘額あるときは用益者は之れに付ても尙ほ收益を爲すことを得るや

（七十六）民法財産篇第九十條の規定は之れを動産の場合に適用することを得ざるか

（七十七）用益物を保險に付したる場合に於ける虛有者と用益者との權利關係如何

（七十八）遺言にて包括財産の用益權を得たる者の特に負擔すべき義務如何理由と共に之れを細說すべし

又此の義務は單に遺言の用益者のみに限りて負擔すべきや將た其の他の用益者も亦負擔すべきや

（七十九）用益權の包括受遺者者と所有權の包括受遺者との間に存する差異如何

（八十）特定財産の虚有權を甲者に遺贈し其の用益權を乙者に遺贈し而して遺贈者か其の財産を丙者に抵當と爲したる塲合に於て若し乙者が其の財産の所持者として丙者より訴追を受け遺贈者の債務を辨濟したるときは虚有者たる甲者に對して求償を爲すことを得るや否

（八十一）遺産の幾分に付き用益權を得たる者が相續債務の利息を負擔すべき塲合に於て其の負擔額は如何して之れを定むべきものなりや

（八十二）民法財産篇第九十七條第二項に所謂「用益權の設定證書を以て用益者に追奪擔保を爲したるときは用益者は總ての訴訟費用を負擔せず」とある規定は單に無償にて用益權を設定したる塲合のみに適用すべきものなるか

（八十三）完全所有權に關する訴訟にして虚有者一人にて被告と爲りたるときは其の訴訟費用の利息は之れを用益者に負擔せしむることを得べきや

（八十四）訴訟に參加すべくして之れに參加せられざりし虚有者又は用益者は其の判決の害を受くることなきも其の利を受くることを得るは何故なるや

（八十五）法人の爲めに設定したる用益權の繼續期間を三十年と爲したる理由如何

（八十六）用益者が用益權を抛棄するには自己一人の意思にて之れを爲すことを得

るか將た虛有者の承諾を受けざるべからざるか

(八十七) 用益者が一旦其の權利を拋棄したる後は之れを取消して其の權利を復することを得ざるや

(八十八) 不使用を以て用益權消滅の原因と爲したる理由如何

(八十九) 不使用に因りて用益權の消滅するには如何なる條件の具備することを要するや

(九十) 用益者が用益物を賃貸したるに賃借人三十年間之れを使用せざりしときは之れが爲め用益權は消滅するや否

(九十一) 不使用の三十ヶ年なる期間は樹林、竹林に付ては何れの日より起算すべきや

(九十二) 民法財產篇第百四條の場合に於て裁判所は用益物を保管に付し又は用益權を廢罷するの處分は必ずしも爲さゞるべからざるものなりや否

(九十三) 用益權廢罷の宣告ありたる後用益者が虛有者より每年金額又は果實を受取るべき權利は如何なる原因によりて消滅するか

(九十四) 民法財產篇第百六條の所謂「建物の全部が毀滅したるとき」とは如何なる場

合を稱するか(民法財産篇第四十二條第六號及び第九十九條參看)

(九十五) 用益物が公用徵收を受けたるとき用益者が其の償金に付き收益するの權利は如何なる場合に於て消滅するや

(九十六) 民法財産篇第百八條に「池沼の用益權は水の乾涸して舊狀に復する見込なきときは消滅す又土地の用益權は水の浸沒して舊狀に復する見込なきときは消滅す」とあり然らば其の見込の有無は何人が如何なる標準に依りて之れを判定すべきや

(九十七) 一旦池沼の乾涸し又は土地の浸沒して舊狀に復する見込なきものと判定したる以上は爾後假令自然に其の池沼又は土地の舊狀に復することあるも之れを以て前の判定を左右することを得ざるや

(九十八) 土地の用益者が用益權の消滅したるに拘はらず其の土地を虛有者に返還せずして他人に賃貸したるときは其の貸賃に相當する利息を拂はざるべからざるや

(九十九) 普通の用益權と準用益權との區別如何

○第二欵　使用權及び住居權

(一)用益權と使用權及び住居權とは權利者の處分權に於て如何なる差異あるか又其の差異ある理由如何

(二)使用權、住居權も亦用益權と等しく法律の設定に因るものあるや(民法財產篇第四十五條第百十條參看)

(三)使用者と住居を共にする番頭、手代は民法財產篇第百十一條の使用者の家族と看做すべきものにあらざるや

(四)使用物が土地又は建物にして抵當と爲すべきものなるときは使用權又は住居權をも抵當と爲すことを得るか(民法財產篇第六十八條參看)

(五)使用權又は住居權消滅のとき負擔すべき返還及び償金の爲めにする擔保は必ずしも保證人に限るべきや

(六)修繕費、租稅、公課及び訴訟費用の負擔に付き用益者と使用者及び住居者との間に如何なる差異ありや

○第三節　賃借權、永借權及び地上權

○第一款　賃借權

（一）賃借權の性質及び其の之れを物權と爲すと人權と爲すとにより結果に付き如何なる差異を生ずるや
（二）賃借權消滅の原因如何
（三）賃借物の一部滅失したるときは賃借人は如何なる權利を有するや
（四）期限を定めずして土地を賃借したるとき該賃借は何れの時に於て終了するや又其の賃借人は何れの時に於て賃借土地を返却すべきものなりや
（五）土地の賃貸借を爲したる後現在の坪數と契約上の坪數と相違することを發見したるときは當事者は如何なる條件により如何なる權利を有するや
（六）地主甲者より五ヶ年の期限を以て乙者は小作の權利を得たるに後甲者都合に因りて該地所を丙者に賣渡せり然るときは甲乙間に成立せる小作は之れが爲めに消滅すべきや將た其の殘期間乙者は丙者に對して小作權を主張することを得べきや
（七）甲者あり隣家なる乙者の宅地を購ひたり但此の宅地には乙者の家屋建設しありて甲者已に之れを知れり此の場合に於て甲者は乙者に對して相當期間內に該家屋の取拂を請求することを得るや

（八）賃貸借は合意なりや將た契約なりや
（九）國、府縣、市町村及び公設所に屬する財產の賃貸借を民法に規定せずして行政法に規定するの必要如何
（十）賃借權設定の方法を單に契約の一事に限らざるべからざる理由如何
（十一）賃借權を豫約したる塲合に於て要約者が契約の取結を請求するも諾約者がこれに應ぜざるときは如何にすべきや
（十二）法律上又は裁判上の管理人は只其の財產を管理すべき者にして之れを處分するの權利を有せざるものなり然るに法律は是等の管理人に財產を賃貸して物權を設定することを得せしめたるは或は管理の範圍外に出づるの嫌なきや如何
（十三）管理人が十ヶ年の約を以て樹林を賃貸し其の期間滿了に先たつこと二ヶ年前更に十ヶ年の賃貸を約し一年一ヶ月を經て管理權消滅したるときは其の更新は無効なるや否
（十四）管理人が賃貸を爲すに付ては何故に耕地を除くの外は金錢外の有價物を以て貸賃と爲すことを許さゞるか
（十五）自治產の未成年者が其の財產を賃貸するに付き管理人と同一の條件に從ふ

にあらざれば之れを爲すことを得ざる理由如何(民法人事篇第二百十九條參看)
(十六) 賃借人の權利と用益者の權利との間に存する差異を列記して其の理由を附すべし
(十七) 賃借人が賃借物の占有を要求するも賃貸人之れに應ぜざるときは如何に處分すべきや
(十八) 賃借人は賃借物の大小修繕を負擔せすとの原則に對する例外の場合ありや若しあらば其の理由と共に之れを述ふべし
(十九) 賃借人に於て賃借物の大小修繕を爲すべき慣習の存するときは當事者は必ずしも其の慣習に從はざるべからざるや將た其の之れに從ふと否とは當事者の隨意に任すべきや
(二十) 建物の修繕が一ヶ月半繼續したるとき賃借人は賃貸人に對して其の全日數の借賃の減少を要求することを得るや將た一ヶ月を超過する部分即ち半ヶ月の借賃の減少を要求するに止まるや
(二十一) 賃貸人は賃貸物に關する法律上の妨害は勿論尙ほ事實上の妨害に付ても擔保の責に任せざるべからざや否

（二十二）賃借人が民法財産篇第百三十一條に依りて借賃の減少を要求するには如何なる條件の具備することを必要とするや又其の減少の割合は如何に之れを定むべきや

（二十三）事實上の妨害が賃借人に對して生じたるときに借賃の減少を許すべき場合ありや

（二十四）旱魃、洪水等の變災に因り收益の數量が例年に比して半額を減じたるも物價騰貴の爲め其の價額に於て毫も損失する所なきときは賃借人は借賃の減少を要求することを得ざるか

（二十五）賃借人が不可抗力に因り損失を受けたるも若し其の收益を保險に付したるが爲めに被保險額の支拂を受けて少しも損害なかりしときは賃貸人に對して借賃の減少を要求することを得ざるや

（二十六）建物の一分毀滅したる場合に於て賃借人は其の再造を要求するの權利あるや否

（二十七）動產物の賃貸借を爲すに當り契約を以て指示したる數量が現實の數量に照して過不足あるときは如何に其の差の著大なるも當事者は借賃の增減又は契

約の銷除を求むることを得ざるや(民法財産篇第百三十二條參看)

(二十七) 賃借人は賃借地を舊狀に復すること能はざるときは其の之れに築造せし建物又は栽植せし樹木を收去することを得ざるか(民法財産篇第百三十三條第二項參看)

(二十八) 賃借權を讓渡したるときは賃貸人と賃借人及び讓受人との間に如何なる關係を生るや

(二十九) 果實又は產出物の一分を以て借賃と爲し金錢を以て之れに代ふることを許さゞるときは何故に賃借人は賃貸人の承諾を得るにあらざれば賃借權の讓渡又は轉貸を爲すことを得ざるや

(三十) 租稅、公課の負擔に付き用益者と賃借人との間に差異ありや又其差異ある理由如何

(三十一) 賃借物を使用するに合意を以て定めたる用方に從はずして他の用方に從ふも之れが爲めに損害を生ぜざるときは賃借人は其の用方に從ふことを得るか(民法財産篇第百四十一條參看)

(三十二) 消滅原因に付き賃借權と用益權との間に存する差異を列擧して其の理由

を付すべし

（三十三）賃借物が假令有形的に存在して其の物の使用、收益を爲すことを得べきも以前の用方に使用することを能ざるに至りたるときは之れを以て全部の滅失と見做すべきや

（三十四）意外の事又は不可抗力に因りて賃借物の一分の滅失したるとき賃借人が賃貸借の解除又は借賃の減少を要求せんには如何なる條件を要するや

（三十五）如何なる場合に於て賃貸借に付默示の更新ありたるものと認むべきや又其の更新の効力如何

（三十六）解約の申入と解約の合意との區別如何

（三十七）解約申入に因りて賃貸借の終了するに付き建物と土地との間に如何なる差異ありや又其の差異ある理由如何

（三十八）賃借權の讓渡と轉貸との間に如何なる差異ありて存するや

（三十九）甲（成年者）乙丙（未成年者）の三人各一筆の土地を丁者に賃貸せり該賃貸借證書に依れば家屋を建築する爲め契約せる事實は明瞭なるも別に貸借期限の見るべきものはなし其の後五ヶ年目に至りて各賃貸人は右の土地を更に戊なる者に

賣渡し戊者は前記契約の成立を承知の上之れを買受けたるに今や第一に該契約は曾て未成者乙丙の取結びたるものなることを第二從前よりは遙に地價の騰貴せることを理由として賃借人丁者に係り該契約を變更し更に一層地賃を引上げ尙ほ且つ賃貸借期限を向五ヶ年と定めたしと請求せり

但地價は騰貴せるも租税、公課等土地の負擔は從前と異ることなし

右請求の當否如何

○第二欵　永借權及び地上權

(一)永貸借は如何なる理由に依りて不動産の上に限りて之れを設定することを得るものとなしたるや

(二)永貸借は法律を以て其の期間の最長期を限定するの必要あるか

(三)永借人が永借地を開墾せんとするに當り必要なるときは其の地に存在する樹木を掘取ることを得べきや

(四)石坑の採掘に付用益者と永借人との間に存する權利上の差異如何

(五)永貸借と通常の賃貸借との間に存する差異の著大なるものを列擧し併せて其

の理由を細述すべし

（六）永貸人は貸借の期間大小修繕を負擔せざるより實際上其の修繕を要するに至ることと必ず之れあるべし斯る場合に於ては永借人は修繕の責に任せざるべからざるや

（七）租税、公課の負擔に於て永借人と用益者及び賃借人との間に如何なる差異ありや

（八）永貸人又は永借人が永貸借の解除を請求し得べき場合如何

（九）永借人が永借地に加へたる改良及び栽植したる樹木を無賠償にて殘し置かざるべからざる理由如何

（十）地上權と用益者、賃借人、永借人が其の用益地、賃借地、永借地に建物を築造し又は竹木を栽植するの權と何れの點に於て相異あるか

（十一）地上權設定後に築造すべき建物又は栽植すべき樹木に付き地上權者が法律を以て相隣者の爲めに設けたる地役に服せざるべからざるは何故なるか

（十二）地上權は如何なる場合に終了するや

（十三）地上權者は建物の小修繕に付ては隨意に之れを爲すことを得るも大修繕に付ては土地の所有者の承諾あるにあらざれば之れを爲すことを得ざる理由如何

（十四）通常の賃貸借に於て解約申入を爲すことを得るは賃貸借の期間の定めなき塲合又は其の定めあるも默示の更新ありたる塲合及び當事者が此の權能を留保したる塲合に限ると雖も地上權に付ては是等の制限なく何時にても之れを爲すことを許したり問ふ何故に法律は斯の如き權能を地上權者に與へたるか

○第四節　占有

（一）占有の意義及び其の之れを組成する要素如何
（二）占有は事實なりや將た權利なりや
（三）法定の占有と容假の占有との差異如何
（四）占有訴權の種類を列記し且つ其の適用を指示すべし
（五）法定の占有と自然の占有とは如何なる點に於て優劣ありや
（六）法定の占有を爲すことを得ざる物ありや
（七）本權訴權と占有訴權とを區別するの利益如何
（八）物の一部のみを占有することを得るや否其の理由を詳述すべし
（九）占有の保持訴權と回收訴權との區別如何

（十）民法財産篇第百九十七條に於て占有者が費用を得る爲めに留置權を有するに付き占有者の意思の善惡により區別を爲したるは如何なる理由に基くや

（十一）法定の占有、容假の占有及び自然の占有は何れも之れを物權なりと云ふことを得るや

（十二）占有より生ずる法律上の効果如何

（十三）主たる物權に於ける占有の効力と從たる物權に於ける占有の効力との差異を指示すべし、

（十四）抵當權は時効に因りて其の取得を證することを得べきや否

（十五）債權は占有の目的たることを得べきや之れを占有することを得るとせば其の効力如何

（十六）正權原の占有と無權原の占有との區別及び其の之れを區別するの利益如何

（十七）外形上の權利を授付するに足るべき法律上の行爲ありと雖も其の行爲たる當然無効と爲り又は銷除し得べきものなるときは之れを正權原と云ふことを得るや否

（十八）善意の占有と惡意の占有との區別及び其の之れを區別するの必要如何

（十九）民法財産篇第百八十二條に所謂權原の瑕疵とは單に占有者が讓渡人に授付の分限なきことを知りて讓受けたるときのみに限るべきや將た讓渡人の無能力なることと又は錯誤、强暴、詐欺に係ることを知りて讓受けたるときも亦之れに包含するや（民法財産篇第百八十一條參看）

（二十）强暴の占有と隱密の占有との區別如何

（二十一）强暴又は隱密が占有に瑕疵を與ふるは絶對的なるや將た相對的なるや

（二十二）自然の占有は無体物たる權利上に行はれざるや又公有物に付ては自然の占有の外法定の占有及び容假の占有を爲すことを得ざるや如何（民法財産篇第百八十四條參看）

（二十三）容假の占有とは如何又其の占有の止むべき場合を示せ

（二十四）占有に關する法律上の推定を列擧し併せて其の理由を付すべし

（二十五）明治元年一月一日に占有を爲したることゝ明治二十八年一月一日にも亦占有を爲しつゝありしことの證據を擧ぐるも其の明治元年一月二日より明治二十七年十二月三十一日までの間に於て占有を爲したることを證明する能はざるときは其の間占有なかりしものと見做すべきや將た其の占有は繼續したりと見

做すべきや

（二十六）法定の占有を取得するには如何なる條件を要するか

（二十七）甲主人乙雇人をして或る物品を特に指定せず單に其の種類、員數のみを定めて之れを買取せしめたるときは甲主人は何れの時より其の物品の占有を取得するや

（二十八）何をか簡易の引渡と云ひ何をか占有の改定と云ふや

（二十九）前主に於て存したる占有は相續人其の他包括權原の承繼人及び特定權原の取得者には如何なる性質狀態を以て移轉するや

（三十）甲者あり或る不動產を善意にて占有し九ヶ年を經て之れを乙者に賣渡し乙者は惡意を以て之れを買取りたり此の塲合に於て乙者は其の不動產を買取りたるより二十一ヶ年を經たる後其の自己の占有時間に有者の占有時間を併せて三十ヶ年と爲し之れに因りて時効を取得することを得べきや

（三十一）甲者正權原且つ善意にて九ヶ年間或る不動產を占有せしも偶々旅行して其の占有を止めたり然るに乙者あり來りて之れを占有したり（乙者は即ち無權原の占有なり）此の塲合に於て乙者は其の經過すべき三十ヶ年の時効期間中へ甲者

の占有時間九ヶ年を算入することを得べきや

（三十二）法律は何故に法定の占有者を以て眞の權利者なりと推定するか

（三十三）法律が正權原且つ善意の占有者に果實を取得するの權利を與へたる理由如何

（三十四）天然の果實を取得するに付き用益者と占有者との間に區別を設けたる理由如何（民法財産篇第五十二條第百九十四條參看）

（三十五）占有に付き果實取得の爲めに要する善意と時効取得の爲めに要する善意との間に如何なる差異ありや

（三十六）善意の占有者と惡意の占有者とが回復者に對する權利義務に付き如何なる差異ありや

（三十七）惡意の占有者が占有物の果實を收取することを怠りたる場合に於て之れが代償を償還するには如何なる標準に因りて其の數量及び代價を算定すべきや

（三十八）我民法に於て强暴又は隱密の占有者は假令其の權原の正當なることを自ら信じたるときと雖も果實に關しては常に惡意の占有者と看做したるは何故なるか

（三十九）保存の爲めの費用と果實の負擔たる費用とは何れの點に於て區別あるや（民法財産篇第百九十五條第二項第百九十六條第一項參看）
（四十）惡意の占有者は保存費用の外果實の負擔たる費用の爲めに留置權を行ふことを得ざるや（民法財産篇第百九十七條第二項參看）
（四十一）新工告發訴權と保持訴權との差異ある點如何
（四十二）急害告發訴權と新工告發訴權との差異如何
（四十三）平穩且つ公然なる法定の占有者と雖も不動産又は包括動産に付ては其の占有の滿一ヶ年以來繼續したるにあらざれば保持訴權及び新工告發訴權を行ふことを得ざるは何故なるや（民法財産篇第二百三條參看）
（四十四）特定權原の承繼人が暴行脅迫の所爲に關與したるにあらずして單に其の占有が此れ等の所爲に原因して得たるものなることを知りて承繼したる場合に於ても亦其の承繼人に對し回收訴權を行ふことを得るや
（四十五）强暴又は隱密の占有者と雖も回收訴權及び急害告發訴權を行ふことを得るか若し得るとせば其の理由如何
（四十六）法律は如何なる理由ありて容假の占有者に急害告發訴權を與へながら新

工告發訴權を與へざるや

（四十七）占有の訴と本權の訴と併行することを禁じたる理由如何

（四十八）先に本權の訴を起したりと雖も後に之れを取下げたるときは更に占有の訴を起すことを得るや若し然らずとせば其の理由如何

（四十九）占有喪失の原因を列擧し併せて其の理由を説明すべし

（五十）回復の訴又は刑事上の裁判に因りて其の物の返還又は沒收を言渡されたるときは單に其の言渡のみにて占有は喪失するや否

（五十一）洪水其の他の不可抗力に因りて事實上其の物を所持し又は權利を行使することを能はざる場合に至りたるときは其の占有は喪失すべきや如何

（五十二）占有の目的たる物の全部の毀滅とは必ずしも有形的に毀壞滅失したる場合に限るべきや將た法律上占有することを得ざるに至りたる場合も之れに包含するや

○第五節　地役

○第一款　法律を以て設定したる地役

（一）經界訴權は他の總ての權利と等しく時效を得べき者なりや否

（二）相隣權と地役權との區別如何

（三）甲乙兩地相接して各其の所有者を異にせるあり年を經たる大木乙地に接して甲地內にありしが一夜大風の爲めに乙地に向ひて倒れたり乙地の所有者迷惑に堪へず甲地の所有者に對して其の取片附を請求したるに甲地の所有者之れに抗辯して曰く余は已に其の樹木の所有權を拋棄したり故に敢て取片附の勞を取らずと

右爭訟の曲直如何

（四）甲地に在る樟の古木の根乙地の土中に其の大半を有す乙地の所有主會々土を堀るに際し之れを採得て樟腦を製せんとす甲地の所有者は之れが引渡を要求せり

右訴訟の當否如何

（五）隣地立入權の性質及び法律が之れを認めたる理由如何

（六）袋地の所有者が圍繞地の所有者に償金を與へずして通路を求むることを得る場合ありや若し之れあらば其の場合と理由とを說述すべし

（七）圍繞地の所有者が袋地の所有者に供すべき通路は袋地より公路に至る最近の線路を以てせざるべからざるや

（八）袋地は如何なる原因に依りて止息するや

（九）袋地の所有者が圍繞地の所有者に對して有する通行の權利を拋棄するには未だ拂期限の至らざる償金の六ヶ月分を支拂ふことを要する理由如何（民法財産編第二百二十一條參看）

（十）低地の所有者は高地より自然に流下する雨水又は泉水を承くるの義務ありと雖も若し其の水が土砂若くは石を流下して低地の收穫を害し又は之れを荒蕪に歸せしむることありたるときは高地の所有者に對して其の損害の賠償を求むることを得るや

又高地の所有者は其の流下せし土砂若くは石を取戻すことを得るや

（十一）低地の所有者は高地の所有者が穿鑿したる噴水若くは其の地上に引導したる泉水を廢絶せしむるの權利ありや

（十二）土地の所有者は雨水の隣地に墜落すべき位地に工作物を建設することを得ざるか

(十三) 泉源の水が一町村又は一部落の住民の家用に必要なるにも拘はらず其の所有者が娯樂の爲めに使用して之れを流過せしめざるときは一町村又は一部落の住民は所有者に對して之れが流過を要求することを得るか

(十四) 民法財産篇第二百二十九條の溝渠、水流、堀割又は池沼の水は何人の所有に屬するや

(十五) 溝渠、水流、堀割又は池沼の流水の通過する土地の所有者は家用及び農工業用の爲め其の地内に於て水路は之れを變ずることを得るも幅員は之れを變ずることを得ざるか(民法財産篇第二百二十九條第二項參看)

(十六) 溝渠、水流、堀割又は池沼の沿岸地の所有者は其の土地の廣狹如何に拘はらず其の水を使用することを得るや

又沿岸地の所有者は中間に他人の所有地を隔つるも其の他人の承諾を得るときは其の水を他の水流に接せざる地に引用することを得べきや

又沿岸地の所有者は對岸地又は下流地所有者の許諾を得ずして其の水を第三者に讓與することを得るや

又沿岸地の所有者は其の地に接續して水流に沿はざる土地を新に取得したると

きは其の水を新に取得したる土地にも亦使用することを得るや又一の沿岸地が讓渡又は分割に因りて數人に分屬せしときは其の沿岸にあらざる部分を得たる者は其の水を使用することを得ざるや

（十七）民法財産篇第二百四十七條第二項の場合に於て圍障の保持及び修繕の費用に付ては何故に築造費用の如く其の差額を負擔せしめざるや

（十八）互有と普通の共有とは如何なる點に於て差異あるか

（十九）法律上非互有を推定すべき目標如何

（二十）互有界に付き相隣者は互有權を有す若し此の權利を拋棄したるときは如何なる効果を生ずるや

（二十一）相隣者は如何なる場合に於て互有權の讓渡を要求することを得るや又其の讓渡の要求を許したる法律上の理由如何

（二十二）互有權の讓渡を要求することを得べき圍障及び牆壁を石造又は煉瓦造に限りたる理由は何れに在るや（民法財産篇第二百五十六條第一項參看）

（二十三）所有者故意を以て隣地を日蔭と爲し又は遠望の佳景を妨げんが爲め普通外の高圍を作りたるときは隣人は之れに故障を述ぶるの權利ありや否

○第二款　人爲を以て設定したる地役

(一)地役の性質如何
(二)地役消滅の原由を歷擧せよ
(三)地役と義務との間に如何なる差異あるや
(四)地役の種類を擧げて之れを說明すべし
(五)甲者あり自己の所有地內に用水井を掘設するに際し乙者に約して曰く君にして掘設費用の半額を負擔せば永遠隨意に井水を汲取らしむべしと乙者之れを諾し其の費用の半額を負擔せり然るに後甲者故ありて右地所を丙者に賣却せり此の塲合に於て乙者は依然其の井水を汲取るの權利ありや若し其の權利なしとせば乙者は甲者に對して損害賠償を要求するの權利ありや
但甲者は丙者に地所を賣渡すの際乙者との約あることを明言せずと雖も丙者は甲乙兩者間に此の約のあることを暗に知了したるものなり
(六)地役不可分の原則に對する例外の塲合如何
(七)地役に關する訴權の種類及び其の區別如何
(八)地役は如何なる方法に因りて設定することを得るや

(九) 通行權は不繼續地役なるを以て時効によりて獲得することを得ざるも若し石を敷き又は埒を設けて常に往來し來りたるときは如何

(十) 所有者の用方によりて地役を設定したりと看做すには如何なる條件の具備することを要するや

(十一) 地役追認の證書とは如何なるものを云ふや又其の効力如何

(十二) 時効に基きたる地役と所有者の用方によりて生じたる地役とは如何にして其の効力の及ふべき範圍を定むべきや

(十三) 地役消滅の一原因たる時効は免責時効なりや將た取得時効ありや

(十四) 一地の所有者之れを分割讓渡するに方り承役地たるべきものを讓渡し己れ自ら要役地たるべきものを存有すれば其の讓渡したる地上に對して地役權ありや否

(十五) 時効に因りて地役權を得んとする者が或は死亡し或は其要役地たるべき土地を他人に讓渡したるとき又は承役地たるべき土地の所有者が或は死亡し或は其の土地を他人に讓渡したるときは何れも時効を中斷するの原因と爲るべきや

(十六) 地役權と用益權との差異如何

○第三章　人權及び義務

○第一節　總則

（一）人權の意義如何
（二）義務の成立するには如何なる條件を要するや
（三）人定義務と自然義務との差異如何

○第二節　義務の原因

（一）裁判言渡は義務發生の原因なるや否理由を附して詳述すべし
（二）我民法に於ては義務發生の原因を合意、不當の利得、不正の損害、法律の規定の四個と為せり然らば此の他に於ては全然義務發生の原因なきや如何
（三）合意より生ずる義務と不當の利得、不正の損害、法律の規定より生ずる義務との差異如何

○第一款　合意

（一）合意と契約との區別如何

(二)強暴錯誤及び目的の不適法が合意に與ふる效果に差異ありや若し之れあらば詳細に説明論述すべし
(三)合意の効力の第三者に及ぶ塲合如何
(四)詐僞が合意に及ぼす影響如何
(五)權利者は何等の區別なく義務者に屬する權利を行ふことを得るや
(六)第三者の利益の爲めに要約を爲し又は第三者に代りて約諾を爲したるときは合意は有効なるや將た無効なるや
(七)當事者の債權者は合意に關し第三者なりや否
(八)取消すべき契約と無効の契約との間に如何なる差異あるや
(九)債權者が債務者の詐害行爲を廢罷せしめたるときは如何なる債權者が其の廢罷の結果を利益するや
(十)合意の種類及び區別並に其の之れを區別する利益如何
(十一)債權讓受の塲合に於て其の讓受を債務者に告知すると債務者をして承諾せしむるとは孰れか讓受人に利益なるや
(十二)不動產上の物權に付ての再次の穫得者は善意にして且つ初次の穫得者に先

ち其の權利を登記したるも尙ほ初次の穫得者を排擊し能はざる塲合ありや
(十三)廢罷訴權を以て排擊を受けたる第三者は如何なる効果を受くべきや
(十四)不動産上の權利に付ての合意が第三者に對して有効なるには如何なる條件を必要とするや
(十五)行爲を目的とする合意と其の他の物件を目的とする合意との區別及び其の効果如何
(十六)當事者一方の意思を以て合意を廢罷することを得る塲合如何
(十七)一方の意思の明示のみを以て義務を發生する塲合ありや
(十八)受諾に付き明示の期間を設けざる言込は何時までに之れを言消すことを得るや
(十九)附遲滯の要件及び其の効果如何
(二十)意思の表示が効力を有する時期如何
(二十一)合意の雙面片面の區別と義務の雙面片面の區別とは如何なる差違ありや
(二十二)甲者乙者に書面を以て或る家を賣らんことを言込み且つ其の受諾の期限を一ヶ月間と爲せり然るに乙者は一ヶ月の最終の日に於て受諾報を發せしに其

の期限を後るゝ三日にして着せり此の契約は成立するや否

（二十三）甲者乙者の麥畑の未來に係る收穫を買受け麥成熟の上は甲者に於て苅取るべき約束を爲したり然るに其の後麥成熟に至るも甲者に於て苅取を爲さゞるが故に麥は悉皆洪水の爲めに流失せり此の塲合に於て麥の所有權は甲者に移轉したるや否若し移轉したりとせば何時に移轉したりしや

（二十四）第三者の作爲又は不作爲は合意の目的と爲すことを得るや若し得るとせば其の効果如何

（二十五）民法財産篇第三百四條第一項第一號に所謂代人とは代理契約に因れる代人の謂なるや將た否らざるや

（二十六）强暴又は錯誤に因り契約を銷除するときは其の効力を善意の轉得者に及ぼすことを得るや

（三十七）債權者が債務者と第三者との間に爲したる行爲を詐害行爲なりとして直接訴權を行ふには如何なる條件を要するや

（二十八）甲者あり其の所有に係る一筆の土地を乙者に讓渡したる後更に之れを丙者に賣渡し而して丙者は直に其の賣買を登記したり

但乙者に於て登記せざりしこと幷に丙者に於て契約の當時前の讓渡ありたるを知りたることは共に證明せられたる事實なりとす

右の場合に於て乙者は丙者に對して其の土地を取戻すことを得るや否

（二十九）合意の成立條件と有効條件との區別如何

（三十）第三者の强暴が合意の瑕疵と爲るは如何なる理由に因れるや

（三十一）民法財産篇第二百九十六條に「合意は人權の創設を主たる目的とするときは之れを契約と名く」とあり若し其の人權の創設を從たる目的とするときは契約たらざるものゝ如し如何

（三十二）民法財産篇第三百三十九條に所謂權利と權能との意義及び其の區別如何

（三十三）民法財産篇第二百九十八條の所謂「第三者をして得せしむる」とは單純なる第三者の利益のみを指したるものなるや將た第三者の利益が間接に當事者の利益と爲るべき場合を指したるものなるや

（三十四）甲者賭博を爲さんと欲し乙者より金二百圓を借受け其の内百五十圓を以て衣服を購ひ其の餘を賭博に費消したり右乙者は甲者に返金を要求するの權利ありや否

但乙者は甲者の賭博に費消するものたることを豫知して貸付したりと云ふ

（三十五）甲者あり一個の確定物を乙丙兩者の中孰れかに賣渡さんと欲し共に七月一日イ便を以て其の申込を爲し而して其の申込書は同日同刻に乙丙の二人に到達し乙丙の二人も亦共に七月十日ロ便を以て其の承諾書を發送し而して此の郵書は二個共に同日同刻に甲者の披見する所と爲る斯る塲合に於て其の確定物の所有權は乙丙兩者の孰れに屬すべきや

（三十六）民法財產篇第三百十條の所謂物の品質と品格との意義及び其の區別如何

（三十七）物は債權者の爲めに消滅するものなりとの說は我民法の採用する所なりや否

（三十八）登記を以て第三者に對抗するには登記記入の完結後たることを要するや將た其の有効に受理せられたるを以て足れりとするか

（三十九）甲夫あり其の後妻乙婦に左の證書を與へて前妻の子丙男が娶妻の上は隱居を爲さんことを約せり

證

拙者儀長男某(丙男)娶妻の上は直に家督相讓り兼て所有の田地何町歩と金何百圓とを携へ貴殿と共に隱居可致候爲後日證書如件

年　月　日　　　　甲　印

乙　殿

然るに甲夫は幾もなく死去したれば丙男は家督相續を爲し續て妻を娶れり因て乙婦は隱居を爲さんと欲し此の證書を以て丙男に對し證書面の田地と金額との引渡を請求せり丙男は乙婦の請求に應せざるを得ざるの義務ありや

(四十)雙務合意を完全なるものと不完全なるものとに區別するの必要あるか

(四十一)當事者の意思に因る射倖合意即ち條件附の射倖合意と純然たる射倖合意との間に存する差異如何

(四十二)合意不成立の塲合に於て其の一方が他の一方に對して供與したる物を取戻すことを得るとの規則に對する例外の塲合如何

(四十三)合意と承諾との區別如何

(四十四)合意の原因と合意の目的との區別は何れの點にありや

(四十五)强暴とは如何なるものを云ふや

(四十六) 民法財産篇第三百五條第二號に所謂「當事者の有効に代理せられたること」とは如何なる意義なりや

(四十七) 承諾の存するが爲めに必要なる意思の合致を列記すべし

(四十八) 甲者乙者に對して其の家屋を八千圓にて賣渡さんことを言込みたるに乙者は之れを九千圓にて買受けんとの意思を表したり此の場合に於て其の合意は成立するや否

(四十九) 默示の承諾は如何なる事情に因りて存するや

(五十) 錯誤と不知との區別如何

(五十一) 合意の原因に付ての錯誤と合意の縁由に付ての錯誤との區別及び其の之れを區別するの利益如何

(五十二) 事實の錯誤と法律の錯誤とは其の効果に於て如何なる差異ありや

(五十三) 詐欺に基く合意の取消と錯誤、强暴、無能力に基く合意の銷除との間に存する差異を説明すべし

(五十四) 强暴は如何なる場合に於て承諾を阻却し如何なる場合に於て承諾の瑕疵を成すや理由と共に之れを詳述すべし

（五十五）第三者の身体財産に對する强暴は如何なる塲合と雖も承諾を阻却することなきや

（五十六）本夫が姦夫に對して汝余に金若干圓を與へざれば直に姦通の告訴を爲すべしと脅迫して諾約せしめたるときは其の合意は有効なりや否

（五十七）詐欺は當事者の一方に出でたるものにあらざれば合意取消の原因と爲らず然るに强暴は何人の所爲に出でたるを問はず合意銷除の原因と爲るは何故なりや

（五十八）當事者の雙方に屬する銷除訴權の方法は相互の非理に基くときと雖も互に毀滅せざる理由如何

（五十九）缺損は錯誤、强暴、詐欺及び無能力の如く合意取消の原因と爲らざるや如何

（六十）銷除訴權は無能力者又は瑕疵ある承諾を與へたる者のみに屬すとの原則に對する例外の塲合ありや若し之れあらば其の塲合と理由とを說明すべし

（六十一）未來に係る現實の物を以て合意の目的と爲したるや將た未來に係る物を取得するの希望を以て合意の目的と爲したるやに付き疑の存するときは如何なる標準に因りて之れを判別すべきや

（六十二）目的物の不確定なると成立の不確定なる目的物との差異如何

（六十三）相續にて受くべき財産を讓渡す合意は其の相續を遺すべき人の承諾あるも之れを爲すことを得ざるは如何なる理由によれるや

（六十四）放蕩遊冶に耽りたる少年を懇諭して將來放蕩遊冶の所爲を爲さゞるべしと諾約せしめたるときは其の合意は有効なるか將た無効なるか

（六十五）不法の不作爲又は不能の不作爲を以て合意の目的と爲したるとき其の合意が無効と爲れる所以如何

（六十六）甲者が丙者より乙者に若干の金圓を贈與せんことを要約したる場合に於て丙者が任意に其の要約を履行して乙者に贈與を爲したるときは其の贈與は有効なりや若し有効ならずせば丙者は乙者より其の金圓を取戻すことを得るや

（六十七）第三者の利益の爲めに爲したる要約の無効と爲ると有効と爲るとは如何なる標準によりて區別すべきや

（六十八）甲者あり不在者たる乙者の家屋が將に頽廢せんとするに方り丙者に對して乙者の利益の爲め其の家屋を或る期間内に修繕すべきことを要約したるときは其の要約は有効なりや否（民法財産篇第三百二十三條參看）

（六十九）要約者が第三者又は相續人の利益の爲めに要約を爲したる場合に於て其の享益者が未だ承諾を爲さゞる間は要約者は自己の利益の爲めに之れを廢罷し又は其の利益を他人に移すことを得る理由如何

（七十）要約者が第三者又は相續人の利益の爲めに要約を爲したる旨の言込を爲したるも第三者又は相續人が未だ承諾を爲さゝる間は假令諾約者の利益上關係を來すべき場合と雖も尙ほ其の言込を廢罷し又は他人に之れを移轉することを得べきや

（七十一）甲者一個の家屋を實弟乙者に賣却し其の從約として乙者より母なる丙者へ若干の年金を贈與することを要約したる後甲者は丙者が未だ受諾を爲さゞるの故を以て其の丙者の利益の爲めに要約したる言込を廢罷し自ら其の利益を保有し又は之れを他人に移すことを得べきか

（七十二）相續人が要約者より相續人の利益の爲めに要約したりとの言込に對して受諾を爲したるも其の要約者より以前に死亡したるときは其の効果如何

（七十三）要約者より第三者又は相續人に要約の利益を付與すべき言込を爲し享益者の未だ之れを承諾せざる以前に要約者の死亡したるときは其の効果如何

（七十四）合意の効力と義務の効力との區別如何

（七十五）適法に爲したる合意は當事者の間に於て法律に同じき効力を有すとは如何なる意義なるや

（七十六）當事者雙方の承諾に因りて合意を廢罷したる場合と當事の一方が法律に從ひ合意を廢罷したる場合とは其効果に於て如何なる差異あるか

（七十七）合意は自由なりとは如何なる意義なりや又此の原則に對する例外の場合如何

（七十八）合意の効力發生の原因如何

（七十九）特定物授與の合意より生ずる効力と代替物授與の合意より生ずる効力との差異如何

（八十）動產の引渡に付ては民法財產篇第九十一條の簡易の引渡又は占有の改定に關する規定を適用することを許さゞるや（民法財產篇第三百三十三條第四項參看）

（八十一）善良なる管理人たるの注意とは如何なる程度の注意を謂ふか

（八十二）無償にて物を讓渡したる者にして平素自己の物を保存するに付き善良なる管理人の普通に加ふる注意より尙ほ一層綿密なる注意を加ふるを常とする者

なりしときは假令其の讓渡したる物に付き善良なる管理人の注意を加へたるときと雖も其の滅失又は毀損の責に任せざるべからざるや

(八十三) 意外の事及び不可抗力とは如何なる意義なるや

(八十四) 特定物を授與する合意の場合に於て意外の事又は不可抗力に因れる滅失及び增加は何故に要約者の損失と爲り又は利益と爲るを原則と爲すか

(八十五) 持定物を授與する合意が雙務なる場合に於て其の物が意外の事又は不可抗力に因りて全部滅失したるときは其の要約者が諾約者に對して負擔する所の義務に如何なる影響を及ぼすや

(八十六) 期限到來後に債權者より債務者に對し口頭又は普通の書翰を以て物の引渡を催促したるのみなるときは假令債務者に於て其の催促を認め且つ此の點に付き更に紛爭なき場合と雖も尚ほ之れを以て債務者を遲滯に付したるものと爲すことを得ざるや

(八十七) 一般の承繼人と特定の承繼人との意義及び其の二者の間に存する差異如何

(八十八) 裁判上の代位を以て債權者の爲す間接の訴は債權者の有する債權の保存

處分なるか將た執行處分なるか但しは又一種特別の處分なるか

（八十九）民法財産篇第三百三十九條第三項の所謂「合意の明文を以て差押を禁じたる財産」とは如何なるものなるや

（九十）保證人が債權者に對して爲す財産撿索の要求と廢罷訴訟の被告たる第三者が債權者に對して爲す財産撿索の要求とは其の性質に於て如何なる區別あるか

（九十一）廢罷訴權は對人訴權なりや物上訴權なりや

（九十二）債權者が民法財産篇第三百四十一條第四項によりて得たる損害賠償の額に付き他の債權者より之れが分配を要求するときは債權者は其の要求に應せざるべからざるや

（九十三）民法財産篇第三百四十二條の所謂「通謀」とは如何なる意義なりや

（九十四）債權者が廢罷訴權を行ふには何故に無償行爲と有償行爲とに付き其の證明すべき條件を異にするや（民法財産篇第三百四十二條第一項參看）

（九十五）假令轉得者は惡意なるも若し最初の取得者が善意なるときは債權者は轉得者に對して廢罷を請求することを得ざるや

（九十六）現實占有を以て有体動産又は無記名證劵の公示方法と爲したる理由如

(九十七) 一個の有体動産を二個の合意を以て各別に二人に與へたる塲合に於て其の二人中現に之れを占有する者を以て其の所有者と爲すは如何なる理由に基くや

(九十八) 一個の有体動産を二個の合意を以て各別に二人に讓渡したる塲合に於て其の讓受人中如何なる條件を具備する者が之れか所有者となるべきや

(九十九) 債務者が記名證劵の讓受を承諾するには何故に公正證書若くは私署證書を以てすることを要するや

(百) 不動産物權に付き登記の効用を說明すべし

(百一) 不動産物權の移轉又は設定にして登記を要せざるものありや若し之れあらば其の理由と共に之れを列擧せよ

(百二) 不動産物權の取得時効、不動産物權の讓渡に付したる停止又は解除の條件及び死亡に因れる不動産物權の移轉は之れを登記すべきものなりや否

(百三) 一個の不動産を二個の合意を以て各別に二人に讓渡したる塲合に於て其の二人の讓受人が共に登記を爲さゞるときは何れを以て之れが所有者と爲すべきや

（百四）乙者甲者より一の不動産を讓受け未だ登記を爲さずして更に之れを丙者に讓渡し丙者は直に之れが登記を爲したり然るに甲者は先きに乙者に讓渡したる不動産を更に丁者に讓渡し丁者は丙者に後れて之れが登記を爲したり此の場合に於て丙者は丁者に對抗することを得るか

（百五）法律が登記を經たる行爲の協議上の取消を以て任意の讓戻と看做したる理由及び其の効果如何

（百六）合意の解釋上に付き當事者の意思に疑あるときは何故に諾約者の利益と爲るべき意義に解釋すべきや

（百七）甲者乙者の庭前に一株の松を植へたり後十日を經て乙者は甲者に代價百圓を支拂ふことを約したるに嘗て之れを拂はず仍て甲者は乙者を訴へたるに過去の約報は効なきを以て義務なきことを答辯したり

右訴訟の曲直如何

（百八）甲者乙者の店頭に到り縮緬の見本を求めたるに乙者は丹後縮緬なりと信じ濱縮緬一段を出し代價若干なりと述べたるに甲者は直に之を買ふことを承諾したり然るに乙者に於て其の誤りを發見したるを以て頻に之れを謝し契約の取消

を求めたるに甲者は之れを聞入れず其の理否如何

(百九)過怠約欵の性質及び過怠約欵を設けたる場合と其の之れを設けざる場合とに於ける差異幷に其の理由如何

○第二款　不當の利得

(一)不當の利得より生ずる義務と事務管理の行爲に依り生ずる義務とは如何なる差異あるや

(二)民法財産篇第三百六十二條に「不在者其の他の人の財産に患害ありと見ゆるとき」云々とあり然らば財産に患害ありと見ゆることとは果して事務管理の必要條件なるや

(三)某あり嘗て罪を犯して禁獄數年、罰金若干圓に處せられ刑期滿ちて出獄せる後大赦の恩命を被むりたり仍て某は其の嘗て納めたる罰金下戻の訴を其の筋に對して提起したりと云ふ

右訴求の當否如何

(四)乙者あり洋行中なる甲者の家屋大に廢頽せるを見るに忍びず丙者をして之れ

を修繕せしむることを約したるに丙者之れが履行を爲さゝりしときは甲者は乙者に對して損害賠償を求むることを得るや

（五）不當の利得に因り義務の生ずるには如何なる條件を要するや

（六）甲者あり自己の財産なりと誤信して乙者の財産を管理したり問ふ此の塲合に於ても甲乙兩者間には事務管理の關係を生ずるや

（七）事務管理と代理との差異如何

（八）本主と管理者との義務關係如何

（九）管理者は如何なる程度の注意を爲すの責ありや

（十）本主の管理者に對して賠償する出捐の必要又は有益の存否は何れの時期に於て査定すべきや

（十一）本主は管理者に償還すべき金額に付き其の立替の日よりの利息をも賠償するの義務ありや否

（十二）債權者にあらずして惡意に辨濟を受けたる者は何故に其の全額を返還するの責なきか（民法財産篇第三百六十四條參看）

（十三）債務者にあらざる者が故意を以て債權者にあらざる者に辨濟したるときの

効果如何

（十四）債務者にあらざる者が債權者に辨濟したるものを取戻すには如何なる條件を要するか

（十五）辨濟者が錯誤にて辨濟し而して債權者が其の辨濟を受けたるに因り善意にて眞の債務者に對して債權保存の手續を爲さゞるが爲め其の債權の時効に罹りて消滅したるときは辨濟者は其の辨濟したるものを取戻すことを得ざるや

（十六）民法財產篇第三百六十五條第三項に依り辨濟者が眞の債務者に對して求償を爲すに代位の訴權に因ると事務管理の訴權に因るとに於て如何なる差異あるや

（十七）法律は不法の原因の爲め供與したる物に付き其の原因が供與者の方に存するときは之れが取戾を許さず然らば其の供與を領受したる者は如何なる原因に基き其の物の所有權を取得するや

（十八）不當に領受したる不動產を第三者に讓渡したる塲合に於て其の領受者の善意なると惡意なるとに付き供與者に對する讓渡代金返還の責任上に如何なる差異を生ずるや又其の領受者の意思の善惡は領受の時に於て定むべきや將た讓渡

の時に於て定むべきや

（十九）民法財産篇第三百六十九條の規定は動産に關する不當領受の塲合に適用することを得ざるや

○第三欵　不正の損害

（一）民事の犯罪と刑事の犯罪との區別及び其の之れを區別するに付ての利益如何

（二）不正の損害に因り賠償の義務を生ずるには如何なる條件を要するや

（三）民法財産篇第三百七十條第一項の所謂損害とは單に有形的の損害のみに限るや將た無形的の損害も之れに包含するや

（四）犯罪と准犯罪との性質上及び責任上の區別如何

（五）何人を問はず自己の威權の下に在る者及び自己の所持する物の加へたる損害に付き賠償の責に任せざるべからざる理由如何

（六）親權を行ふ尊屬親、後見人、瘋癲白痴者の看守人、敎師、師匠、及び工塲長が未成年の卑屬親、被後見人、瘋癲白痴者、未成年の生徒、習業者及び職工の加へたる損害に付き其の責に任する理由と主人、親方又は工事、運送等の營業人若くは總ての委托者が

其の雇人、使用人、職工又は受任者の加へたる損害に付き其の責に任ずる理由とは如何なる差異ありや

（七）主人、親方又は工事、運送等の營業人若くは總ての委托者は其の雇人、使用人、職工又は受任者が受任の職務を行ふが爲め又は行ふに際して爲したる損害の所爲を防止する能はざりしことを證明するときはこれが賠償の責任を免るゝことを得るや

（八）所有者の委任を受けて家畜又は猛獸を使用する者は其の使用の當時に生じたる損害に付きこれを賠償するの義務ありや否

（九）未成年者が自ら不正の損害に因れる賠償の責に任ずべき場合ありや

（十）後見の下に在る未成年者が其の雇人若くは使用人の加へたる損害に付き民事上其の責に任せしめらるゝことあるは如何なる理由に基くか

（十一）民事担當人が法律上犯罪者の言渡されたる罰金の責に任ずべき場合とは如何

（十二）民法財產篇第三百七十八條の場合に於て義務者の各自が全部にて賠償を負担すると連帶にてこれを負担すると其の間如何なる差異あるか

○第四欵　法律の規定

（一）法律の規定より生する義務と合意、不當の利得及び不正の損害より生ずる義務との差異如何
（二）相隣者間の義務にして地役を爲さゞるものとは如何なる義務なりや之れを列擧すべし

○第三節　義務の効力

○第一欵　直接履行の訴權

（一）債權者は如何なる塲合に於ても義務の直接履行を債務者に求むることを得るか
（二）直接履行の訴權と損害賠償の訴權との差異如何
（三）裁判所が義務の直接履行を命ずるには如何なる條件の具備することを要するや
（四）甲なる娼妓あり急に苦界の勤めを厭ふの念を生じ前借金の未濟前なるに拘はらず廢業せんことを企てたり因て樓主は其の企を支へんとして故障を唱へ廢業

の届書に加印せざりしと云ふ問ふ此の娼妓は樓主を强て調印せしむることを得るや又此の樓主は娼妓の行爲を撿束して廢業せしめざることを得るか

○第二欵　損害賠償の訴權

(一)名譽の毀損を回復するに謝罪文を新聞紙に廣告せしむるの權利ありや
(二)間接訴權と廢罷訴權との區別如何
(三)損害賠償と過怠約欵との差異如何
(四)債務者の意思の善惡は損害賠償の額に如何なる差異を生ずるや又其の差異を生ずる理由如何
(五)金錢を目的とする義務に付ては履行の遲延と不履行とを區別することを得るや
(六)債務者は如何なる場合に於て損害賠償の責を免るゝことありや
(七)過怠約欵を設けて契約を締結したる債務者が詐欺に出でゝ契約の履行を爲さず因りて債權者に損害を加へたる場合に於て其の損害の額が過怠約欵を以て定めたる額より大なるときは債權者は債務者に對して其の超過額の請求を爲すこ

とを得るや

（八）甲乙共謀して丙者を殺害したるの故を以て或る裁判所は審理の末相手方の請求を容れて金二千五百圓を損害賠償として丙者の遺族へ又金十五圓を訴訟費用として同遺族及び其の他の者へ連帶して支拂ふべき旨を甲乙兩者に對して言渡したるに乙者は資力なかりしを以て甲者一人にて之れを支辨したり然るときは甲者は乙者に對して轉償要求の訴權を有するや否

（九）金錢貸借の場合に於て若し返濟期限を怠るときは一日若干の割合を以て制限利息以外に賠償を爲すべしとの約款を附したるときは其の契約は無効なりや否若し無効なりとせば其の無効は單に其の約款のみに止まるや將た其の契約全体に及ぶべきものなりや

（十）損害賠償の額を定むる計算方法は加害者が善意なりし場合と惡意なりし場合とにより異ならざるべからざるや若し異ならざるべからざるものとせば其の理由及び當否如何

（十一）善意の債務者が損害賠償の責に任ずるときに要する豫見し得べき條件は損害を致せる原因に關する豫見なるか將た損害の金額に付ての豫見なるか（民法財

産篇第三百八十五條第二項參看）

（十二）裁判所が當事者間に定めたる過怠約欵を増減することを得る場合ありや

（十三）甲者あり其の所有の山林數百町を乙者に讓渡すの契約を爲し内金として若干圓を受取れり然るに甲者は不當にも其の引渡を爲さゞるにより乙者は之れが要求の訴を提起し裁判確定の後執行を求めたるに甲者は既に之れを他に密賣して又山林の引渡すべきものあるなし依て乙者は更に甲者を相手取り損害要償の訴を提起せり其の曲直如何

（十四）左の事實問題に對し法律上の理由を付して詳細なる答案を求む

一、春野翠なる者あり明治二十七年十月五日甲村秋田穰に對する强制執行保全の爲め同村内にある乙村秋田穰所有不動產の假差押を爲したり

二、明治二十七年九月十日乙村秋田穰は甲村にある自己所有の不動產を冬山雪に賣却するの契約を締結し同日手付として金千圓を受取り殘金は來る十月十日登記手續結了の上授受すべく若し同日登記手續を爲さゞるときは手付金倍戻として返濟すへき旨を約束せり

三、明治二十七年十月十日乙村秋田穰は登記手續を行はんが爲め其筋に出頭した

る處該地は曩きに春野翠の爲めに差押へられたることを發見したり依て冬山雪に對する契約の旨を實行することを能はず已むを得ず手付倍戻の約欵に基き金二千圓を辨償せり

右の事實に基き乙村秋田穰は春野翠を相手取り假差押の解除及び損害金として二千圓を賠償せんことを訴求す然るに春野翠は假差押の解除は認諾すれども損害の要償には應じ難しと答辨せり其の曲直何れにありや

（十五）借家主大過失に依り火を失し借家屋を燒失したる塲合に賃貸主は其の家屋の損害を借家主に對し要求することを得るや否

（十六）債權者が損害賠償の訴權を行ふに付き必要ある條件如何

（十七）債權者は如何なる塲合に於て損害賠償を請求することを得るや

（十八）金錢を目的とする義務の損害賠償に付ては如何なる點に於て普通損害賠償と異るや又其の異る理由如何

（十九）過怠約欵は之れを義務の不履行に付き設けたると履行の遲延に付き設けたると其の債權者が賠償額を請求するに關して如何なる差別ありや

（二十）裁判所は當事者の定めたる過怠約欵の數額を減ずることを得るや

（二十一）利息に利息を生せしむるには如何なる條件を要するや

○第三欵　擔保

（一）追奪擔保の目的如何
（二）擔保の存立に付き有償行爲と無償行爲との間に差異ありや若し之れあらば其の理由如何
（三）被擔保人が擔保人に對して主たる訴權を以て擔保を請求するには實際既に追奪を受け又は辨濟を爲したることを要するや（民法財産篇第四百條參看）
（四）被擔保人が擔保人に對して擔保を請求するには主たる訴權に依ると附帶訴訟に依ると何れか利益なるや

○第四欵　義務の諸種の體様

（一）不可分義務と連帶義務との差異如何
（二）連帶義務と不可分義務とを併合する利益如何
（三）期限と條件との間に存する差異如何

（四）期限の利益は如何なる場合に失ふべきや
（五）連帯義務と全部義務との差異を示すべし
（六）合意の主たる目的を不能又は不法の條件に繋らしめたる場合に於て其の條件が停止的なると解除的なるとに由り其の効果を異にせるや
（七）乙者あり甲者の信用を有する丙料理店に於て共に飲食を爲せり然るに甲者は乙者より其の負擔額を受取りたるも支拂日に至りて之れを丙者に支拂はざるを以て丙者は乙者に對して之れが支拂を要求せりとせば乙者は其の全部に付き支拂を爲さゞるべからざるや
（八）義務は如何なる原因により其の體樣を變ずるか
（九）期限の種類及び其の差別如何
（十）裁判所が恩惠上期限又は債務の一分づゝの履行を許與するには如何なる條件を必要とするや
（十一）法律に於て恩惠上の期限を許與することを禁じたる場合如何
（十二）條件の成就したるときは其の効力を合意の日に遡及せしむる理由及び其の例外の場合如何

（十三）停止若くは解除の條件は如何なる場合に於て不法なりや其の理由と共に之れを説明すべし
（十四）偶成條件と隨意條件との區別如何
（十五）有的條件と無的條件とを區別するの必要如何
（十六）雙務契約の塲合に於て義務不履行の爲めに損害を受けたる當事者は默示を以て解除の拋棄を爲すことを得るや否
（十七）條件の成就前に喪失したる物の危險は何人に於て之れを負擔すべきや
（十八）雙務契約の當事者は付遲滯の手續をも爲さずして單に他の一方の義務不履行の塲合に契約は當然解除すべしとの明約を豫め爲すことを得べきや
（十九）雙務契約の塲合に於て遲滯に付せられたる當事者の一方は適當なる時間に義務を履行して解除を免るゝことを得るか
（二十）明約の解除と默示の解除條件より生ずる解除との間及び明示の解除條件と默示の解除條件との間に存する差異如何
（二十一）選擇義務の目的物の孰れかに付き一分の喪失を生じたるときは其の危險は債權者の負擔に皈すべきや將た債務者の負擔に皈すべきや

（二十二）選擇義務の目的物が當事者の過失に由りて滅失したるときは如何に之れを處分すべきや

（二十三）選擇義務と任意義務との區別如何

（二十四）複數の義務にして其の性質の全部なるや連帶なるや將た連合なるや判明ならざるときは如何に之れを判定すべきや

（二十五）連合義務は如何なる點に於て連帶義務と差異あるか

（二十六）不可分義務は如何なる場合に於ては絶對的にして如何なる場合に於ては相對的なるや

（二十七）雙務合意の場合に於て當事者の一方の負擔する義務が不可分なるときは他の一方の負擔する義務も亦不可分なるや

（二十八）不可分義務の債權者が時効の中斷又は停止の原因の存したる債務者に對し義務の全部の履行を請求するに當り若し他の時効に因り義務を免れたる債務者ありたるときは之れを如何にすべきや

（二十九）不確定期限付義務の目的物件が期限前天災によりて滅失したるときは何人に於て其の危險を負擔すべきや理由を具して明答せよ

○第四節　義務の消滅

（一）民法財産篇第四百五十條は限定法なりや若し然りとせば他に義務の消滅を來たす場合あるに之れを掲げざるは何故なりや

○第一欵　辨濟

（一）代位辨濟と債權讓渡との差異如何

（二）法律上の代位は如何なる場合に行はるゝや

（三）債務者及ひ保證人に對する代位の効果如何

（四）高利貸某なる者あり債務者に對して債務を要求する訟廷に於て高利を受取れることあるを自白したるときは裁判所は某の受取れる制限外の利子を債務者の債務の辨濟に引直さしむることを得るや

（五）甲者乙者に對して金若干圓を貸與したる後死亡したるにより丙者は其の後を相續するも是れ亦期限前に隱居したり乙者は之れを知らずして其の金員を丙者に返濟せり右返濟の効力如何

（六）利害の關係なき第三者が辨濟を爲すに付き自己の名を以てすると債務者の名

を以てすると其の効果に於て如何なる差異あるや
（七）利害の關係なき第三者が有効の辨濟を爲すには何故に債權者若くは債務者の孰れか一方の承諾を得ることを要するか（民法財産篇第四百五十三條第二項參看）
（八）他人の物を引渡したる當事者は如何なる場合と雖も其の辨濟の無効を主張することを得るや
（九）債權の占有者とは如何なる者を云ふか
（十）領受の能力なき債權者又は債權占有者は其の辨濟に因りて利得を爲したる部分に付ては之れが取消を請求することを得ざるや若し然りとせば其の利得は何れの時に於て算定すべきや
（十一）領受の能力なき債權者又は債權占有者に辨濟を爲したる債務者は其の辨濟の善意に出でたると否とを問はず之れか取消を求むることを得るや
（十二）債務者は辨濟の充當を爲すの權を有す其の理由如何
（十三）法律上の充當とは如何又其の充當は如何なる場合に行はるべきや
（十四）辨濟の提供及び供託を爲すことを得る場合幷に提供の方法を説明すべし
（十五）債權者の許與する代位の有効なるには如何なる條件の具備することを要するや

（十六）法律が債務者に代位を許與することを得せしめたる理由如何又其の代位には如何なる條件を備へざれば有効ならざるや
（十七）法律上當然代位することを得べき者如何
（十八）代位の効果及び其の制限如何

○第二款　更改

（一）義務更改と債權讓渡との間に如何なる差異ありや
（二）民法財產篇第四百九十九條に「債權者の交替に因る更改は債務者と新舊債權者との承諾あるにあらざれば成らず」とあり然るに債權の讓渡に付ては別に債務者の承諾を要すとせず更改と讓渡との間に此の如き差異を設けたるは何故なるか
（三）更改は如何なる塲合に於て生ずるや
（四）同一の當事者間に於て義務の更改ありたるか將た二個の義務の併存するかに付き疑あるときは如何に之れを解釋すべきや其の理由と共に之れを說明すべし
（五）民法財產篇第四百九十八條の塲合に於て債權者が舊債務者に對して行ふべき擔保の求償訴權は舊債權に附着する訴權なるや將た一の新訴權なるや

（六）債權讓渡の塲合に於ては別に債務者の承諾を要することはなし然るに債權者の交替に因る更改の塲合に於ては之れを要す其の故如何

（七）除約に因る更改の塲合に於ては債權者が共同債務者、保證人又は第三所持者の手に存する擔保負擔の財產に對して物上擔保の留保を爲すに付ては別に是れ等の者の承諾を得ることを要せざるや若し然りとせば其の理由如何

○第三欵　合意上の免除

（一）贈與は當事者が公正證書を以て承諾を爲さゞるよりは成立せざるを原則と爲す然るに無償の免除は贈與を成すに拘はらず此の方式を要せざるは何故なるか

（民法財產篇第五百四條・財產取得篇第三百五十八條參看）

（二）債權者が不可分債務者の一人に免除を與ふるに方り他の債務者に對して權利を留保したるときは其の不可分債務の任意なると性質に因るとに從ひ債權者の權利の行使上に於て如何なる差異ありや

（三）如何なる條件を具備する塲合に於ては法律は債權者が共同債務者の一人に連帶又は任意不可分を免除したりと推定するや

(四)債權者が任意不可分債務者の一人の設定したる質又は抵當を抛棄したるとき
は他の債權者は債務者に對して自己の免責を求むることを得るや否
(五)債權者が默示を以て債務を免除したりと爲すには如何なる條件を要するや
(六)甲債權者あり乙債務者に對し數度辨濟の督促を爲すと雖も乙者は辨濟を遲延
せるよりして甲者は到底乙者の資力辨濟を爲す能はざるものと認め其の債權證
書を毀棄せり後乙者は商業上巨額の利純を得辨濟を爲すに充分なる資力を有す
るに至りしを以て甲者は乙者に對し出訴す乙者は出訴を受くるに當り初めて證
書の既に毀棄せられて存在せざるものなることを知り乙者は證書の毀棄と共に
債務は既に消滅せりと抗辯し甲者の請求に應せず
右乙者の抗辯は相立つべきものなりや
(七)甲者の總理代人が甲乙丙間の契約に因りて負ふたる丙者の債務を免除したり
問ふ其の免除の効力如何

○第四款　相殺

(一)相殺は如何なる人の間に於て互に對抗せらるゝことを得るや

(二)相殺は第三者を害して爲すことを得るや否例を示して說明すべし
(三)法律上の相殺の行はるゝには如何なる條件を要するや又其の法律上の相殺を禁じたる場合如何
(四)債權の讓渡及び差押は相殺の妨害と爲るべきことありや否
(五)相殺の意義、種類及び其の區別如何
(六)連帶債務者の一人が債權者に對して債權を有する場合に於て他の連帶債務者は相殺を以て之れに對抗することを得るや否理由を付して說明すべし

○第五款　混同

(一)混同と相殺との間に存する差異如何
(二)混同か性質に因る不可分債務と任意の不可分債務とに及ぼす効力に於て如何なる差別ありや
(三)混同は如何なる原因によりて發生するや

○第六款　履行の不能

(一)履行の不能とは如何なることを云ふや
(二)履行の不能に因りて義務の消滅するには如何なる條件の具備することを要するか
(三)定量物の引渡を目的とする義務は如何なる場合に於て履行不能の爲めに消滅するや
(四)債務者が履行不能に因りて特定物引渡の義務を免れたる場合に於て債權者より受取るべき對價の限度如何(民法財産篇第五百四十二條參看)
(五)甲者あり乙なる畫工に屛風の揮毫を依賴し潤筆料として金百圓を渡したるに其の畫の未だ成らざるに先ち乙者は病氣の爲めに死亡したり此の場合に於て甲者は乙者の相續人に對して潤筆料全部の取戻を請求することを得るか

○第七款　銷除

(一)准禁治産者及び缺損を受けたる成年者に付ての銷除訴權の時效は何れの時より起算すべきや
(二)銷除を得たる無能力者は假令惡意を以て浪費したる物と雖も之れを返還する

の義務なきや否
（三）銷除訴權の消滅すべき原因如何
（四）明示の認諾の成立に必要なる條件如何
（五）一個の行爲に付き銷除訴權を有する者數人ある場合に於て其の一人の爲したる認諾は他の者に對して如何なる効果を及ぼすや
（六）默示の認諾は如何なる行爲に因りて成立つべきや
（七）算數、氏名、日附又は場所の錯誤の改正を目的とする訴權は何故に時効に罹ることなきか
（八）未成年の爲せし行爲と禁治産者の爲せし行爲との間に存する差異如何

○第八欵　廢罷

編者曰く廢罷に關する問題は本書第二編第三章第二節第一欵及び第三編第十四章第一節中に輯錄せり讀者就て參看せらるべし

○第九欵　解除

編者曰く解除に關する問題は本書第二編第三章第三節第四款中に輯錄したるを以て再び玆に載するの必要なし

○第五節　自然義務

（一）自然義務の制裁力如何
（二）自然義務は如何なる原因によりて發生するや
（三）公式の欠缺の爲め無効なる贈與又は遺言は何故に贈與者又は遺言者に於て自ら自然義務の履行又は追認を爲すことを得ざるや（民法財産篇第五百六十五條第二項第三項參看）
（四）債務者が不當の利得、不正の損害及び法律の規定に因りて自然義務を負擔したりとして之れを追認する場合如何例を示して之れを說明せよ
（五）自然債權の法定の讓渡は如何なる場合に於て有効なりや又其の有効なる理由如何
（六）第三者が債務者に代りて自然義務を履行したるときは如何なる効力を生ずるや

（七）法律の制限を超過せる利息を任意に辨濟したるときは自然義務を盡したるものと云ふを得べきか

（八）法律の禁止する博戲より生じたる負債を辨濟したるときの効力如何

○第三編　財産取得

○第一章　先占

（一）先占を以て財産を取得し得る場合如何

（二）埋藏物として取得するに必要なる條件如何

（三）先占は果して所有權を取得する正當の方法なるや否

（四）先占を以て或る物の所有權を取得するには如何なる條件の具備することを要するや

（五）甲者あり山中に於て一頭の猪を發見し之れを追て負傷せしめたるも尙は即死せずして逃走せんとするを乙者之れを知りて捕獲したり此の場合に於て甲乙兩者中何れを以て最先の占有者と爲すべきや

（六）漂流物と遺失物との區別如何

（七）遺棄物と遺失物との區別及び其の之れを取得する方法如何
（八）甲乙の二人井を鑿つに當り甲者は上に在りて土塊を運搬し乙者は下に在りて掘鑿に從ふ然るに甲者は偶〻井中に燦然光輝を放つものあるを認め乙者に告げて尙ほ之れを掘らしめたるに果して一個の金物を發見したり右の場合に於て其の金物の一半は何人が發見者として之れを取得するや
（九）無主物に付て所有權を取得すると埋藏物に付て所有權を取得するとは如何なる點に於て差異ありや
（十）埋藏物發見者の意思の善惡によりて原所有者の取戻訴權行使の期間に如何なる差異ありや又其の差異ある理由如何
（十一）埋藏物發見者の惡意とは埋藏物發見の時より惡意なりしことを要するや將た發見の時は善意なりしも其の後に至りて他に所有者のあることを知りたるときも亦之れを惡意と爲さゞるべからざるや
（十二）善意なる埋藏物の發見者が原所有者に對して即時時效を主張することを得ざるは如何なる理由によりて然るか
（十三）甲獵夫山中一丸を發して一猪を打つ然れども要處に當らざるが爲め猪逃走

す是に於て甲獵夫は更に打止めんと欲して追跡中乙獵夫偶〻横合より手負猪なることを知りつゝ之れを打止めたりとせば猪の獲物は甲乙孰れに歸すべきか但甲獲夫の猪を追跡せる距離は始終銃丸の的中し得べき間に在り又乙獵夫は甲獵夫の追跡しつゝありしことを知らざりしと云ふ

○第二章　添附

○第一節　不動產上の添附

（一）甲者あり明治二十四年九月中乙者所有の慶長小判數枚を乙者所有の地所に於て發掘せり然るに乙者其の發見の事實を明治二十七年六月に至り知了したるを以て同年十月中甲者に係り該小判取戻の訴を起したりとせば乙者は果して其の請求を主張し得るや否

（二）甲者乙者に屬する材料を以て自己の地上に建築を爲したるときは其の建築物に關する甲乙兩者間の權利義務如何

（三）產物の添附と草木の添附との間に存する差異如何

（四）甲者あり祖先傳來の邸宅を同村の乙者に賣却せり乙者は其の家屋を取毀ち敷

地を畑に爲さんとせしに林下に一窖あり内に數百の小判の埋藏しあるを發見したり乙者忽ち欲心を生じ之れを隱匿し置きたるに後日甲者の知る所となり即ち自己祖先某の藏し置きしものなることを證明し該小判取戻の訴を提起したり右甲者訴求の當否如何

（五）添附に因りて物の所有權を取得するは果して正當の方法なるや否

（六）添附に因りて物の所有權を取得すると先占に因りて物の所有權を取得するとに付き如何なる差異の存するものありや

（七）添附に因りて不動產の所有權を取得する塲合如何

（八）土地又は建物の所有者が他人に屬する材料を以て建築其の他の工作を爲したる塲合に於て其の材料の返還又は取去を許さゞるは如何なる理由によれるや

（九）他人の土地又は建物の善意の占有者が自己の材料又は草木を以て築造又は栽植を爲したる塲合と其の惡意の占有者が右の行爲を爲したる塲合とに於て所有者と占有者との權利義務に如何なる差異を生ずるや又其の差異を生ずる理由如何

（十）私有池又は鳩舍の所有者が他の私有池又は鳩舍より移轉したる魚又は鳩を添附に因りて取得するには如何なる條件を要するや

（十一）土地の所有者が他人に屬する材料を以て建築を爲し未だ其の材料の償金を拂渡さゞるに先ち偶〻天災に因りて破壞したるときは材料の本主は其の材料を取戻すことを得るや

（十二）土地の所有者が其の土地の上に存する家屋を破壞するの目的を以て之れを他人に賣渡したる後俄に其の意を變じ償金を拂ひて之れを保有せんとするときは買主は之れを拒むことを得ざるか

○第二節　動產上の添附

（一）動產上の添附に付き如何なる種類ありや

（二）附合、混和及び製作の區別如何

（三）添附に因りて動產を獲得するには如何なる條件を要するや

（四）甲者其の竊取したる金五百圓を或る寺院に安置する佛像の体中に隱藏し公訴の時効に係りたる後寺院に至れば隱藏したる金圓は既に三年前に於て該寺院住職なる乙者の發見する所となり丙銀行に其の儘定期預けと爲り居り三年以上利子を附して在りと聞く仍て甲者は乙者に對して不當利得取戻の訴を起し該金圓

の元利を請求せり被害者は主參加として此の訴訟に加入し同じく之れを乙者より取戻さんとせり甲乙丙三人の權利義務如何

（五）物の附合が第三者の所爲に因りて成りたると其の物の所有者の所爲に因りて成りたると其の法律上の効果に於て如何なる差異ありや

（六）丙者の所爲によりて甲者所有の金と乙者所有の銀と混和せられたる場合に於て若し其の混和せられたる銀の數量が金の數量より最も多きときは其の混和物は何人の所有に歸すべきや

（七）他人に屬する鉛を以て活字を鑄造し又は他人に屬する金塊を以て烟管を彫製したるときは其の活字又は烟管の所有權は物料の所有者に歸せしむべきや將た其の製作の勞力者に歸せしむべきや

（八）物の附合、混和及び製作には所有者の明示又は默示の承諾ありたるも其の結果を定めざりしとき又は之を定めたるも不明にして所有權の何れに歸屬すべきものなるや判然せざるときは如何に之れを處分すべきや

（九）埋藏物にして發見者に屬せざる部分を添附に因りて其の埋藏物の埋れ又は隱れたる所の動產又は不動產の所有者に歸せしむるは果して正當なるや否

（十）動産又は不動産の所有者が自身にて意外に發見したる埋藏物を全部添附に因りて取得することゝ爲すと一半は先占に因り一半は添附に因りて取得することと爲すとは其の結果に於て如何なる差異ありや

○第三章　賣買

○第一節　賣買の通則

（一）賣渡すことを得ざる物とは如何なる物を云ふや
（二）賣買の豫約を爲したるのみなるときは如何なる効果を生ずるや
（三）賣買契約及び其の豫約を爲すに當り授受したる手附金は如何なる性質を有し如何なる効果を生ずるや
（四）賣買の成立に必要なる條件如何
（五）賣買の豫約を登記するときは如何なる利益ありや
（六）賣買と賣買の豫約との區別如何
（七）配偶者間に賣買を禁じたる理由如何
（八）賣買の豫約と賣買の言込との間に如何なる差異ありや

（九）解除條件附賣買と停止條件附賣買との區別如何
（十）賣買は如何なる種類の契約なるや
（十一）定量物の賣買豫約に於て諾約者が契約の取結を拒むときは裁判所は賣買が成立したりとの判決を爲すことを得るや
（十二）即時賣買の場合に於て當事者が授受したる手附が法律上當然解約の方法と看做すは如何なる場合なるか
（十三）法律は買主が金錢を以て手附と爲したる場合を解約の方法と看做さゞるに何故に賣主が其の賣買の目的たる物件と同一の物件を以て手附と爲したる場合には尙ほ之れを以て解約の方法と見做したるか
（十四）手附が解約の方法たる効力を有するは如何なる期間にあるべきか
（十五）適意の停止條件と拒絕の解除條件とは其の結果に於て如何なる差異ありや
（十六）適意の停止條件付賣買と拒絕の解除條件付賣買とを問はず苟も其の條件の存するときは買主は自己の隨意を以て其の意に適せずと爲し其の契約の履行を免れ又は解除を求むることを得るか
（十七）賣買は如何なる方法に因りて其の代價を定め又其の代價は如何なる方法に

因りて之れが辨濟を受くべきか
(十八) 夫婦間に於ける代物辨濟の有効且つ完全なるには如何なる條件を要するや
(十九) 或る場合に於て法律が判事、撿事及び裁判所書記又は辯護士、公證人をして買受上無能力者と爲したる理由如何
(二十) 民法財產取得篇第四十條の銷除訴權び受戻訴權は何時までに之れを行ふことを要するか
(二十一) 如何なる場合に於て如何なる人は法律上賣渡又は買受に付き能力なきや
(二十二) 他人の所有に屬する物を以て賣買の目的と爲したるときは無効なりとの原則に對する例外の場合ありや若し之れあらば其の場合を詳述すべし
(二十三) 他人の所有に屬する物を以て直に所有權移轉の効力を生せしめんとする賣買は絕對的に無効なりや將た相對的に無効なりや
(二十四) 他人に屬する物を以て賣買の目的と爲したる場合に於て賣主又は買主が無効訴權を行使するに付き法律上如何なる利益あるか
(二十五) 賣主が賣買の當時目的物の他人に屬することを知りたるときは何故に無効訴權を行使することを許さゞるや

（二十六）賣買契約の當時に於て既に目的物の全部滅失したるときと一部滅失したるときとは其の効果に於て如何なる差異ありや
（二十七）試驗買賣と試味賣買との間に存する差異如何
（二十八）賣買と代物辨濟との異同如何

○第二節　賣買契約の効力

（一）賣買契約は何れの塲合に於て所有權を移轉するものなるや
（二）買受けたる物件を奪取せられたる買主に賣主より辨濟すべきものは如何
（三）一部の追奪と一部の滅失との間に存する差異如何
（四）競落人の追奪に特別なる擔保義務如何
（五）法律上の擔保と合意上の擔保との區別を説明すへし
（六）甲者イ號の倉庫内に在る米三分の一を或る定まれる代金にて乙者に賣渡すの契約を爲し代金悉皆を受取り將さに其の米を引渡さんとする前一日偶〻火災の爲めに類燒し盡せりと云ふ此の塲合に於ては乙者は甲者に對して代金の拂戻を請求することを得るか

（七）甲乙の二人或る特定せる物件に付き賣買の豫約を爲したるに其の條件の到達すると同時に該物件全部滅盡したり此の場合に於て其の損失は何人に於て負擔すべきや

（八）甲者金員の必要を感じ自己所有の土地の賣却を乙者に依托し後又丙者に托するに同一の事を以てし何れか最も先に結べる約を履行せんと思惟し居りしに乙者は丁者、丙者は戊者と同時に同一の價格を以て賣買の契約を爲せり然るときは其の土地の所有者は甲丁戊の三者中何れなるや

（九）玆に一劇場あり甲座と名く場の持主甲者其の建物及び之れに付屬する動産一切を金九千圓にて乙者に賣却し公正證書を以て受授完結し且建物は登記せられたり然るに玆に又債主丙なる者あり嘗て甲者に五千圓の貸金あり訴へて勝ち裁判確定したるを以て强制執行を爲さんが爲めに甲座に赴き一切の動産を差押へ相當の手續を經て競賣に付したり本件に付き參考すべき二三の資料あり乃ち左の如し

一、甲座の名義人は今尚は甲者にして演劇興行權は同人にありと云ふ

二、甲座に赴き差押を爲したるときは甲者偶〻座に在り一切の動産皆自己の有

なりと詐言したりと云ふ

三、右强制の際乙者は旅行して家に在らず從て甲座の監督自由ならざりしと云ふ

右の場合に於て乙者は如何にして救濟の權利を完ふすることを得るや

(十)甲者其の倉庫內の米全部を一石若干圓の割を以て乙者に賣却せんことを約したるときは直に其米の所有權は乙者に移轉し乙者は其の米の危險を擔當せざるべからざるや

(十一)甲者其の倉中に藏むる米の內五百石を金四千圓にて乙者に賣渡さんことを約したり然るに其の未だ引渡を爲さゞる前倉庫は火災に罹りて米の全部燒失に歸したり此の場合に於ては右米五百石の損失は甲乙何れに於て負擔すべきや

(十二)賣主は買主に對して如何なる義務を負擔し買主は賣主に對して如何なる義務を負擔するや其の大要を述ぶべし

(十三)賣主は契約に定めたる數量を過不足なく引渡すことを要すとの原則に對する例外の場合を詳述すべし

(十四)某所の土地百坪を一坪に付き一圓の割合を以て賣買の契約を爲したる場合

に於て賣主が其の面積を擔保せざる旨を明言したるときの效果如何

（十五）一個の契約を以て甲號の土地百坪と乙號の土地百坪とを代價一千圓にて賣却したるに甲號の土地は契約に指示したる坪數より超過し乙號の土地は不足せり此の場合に於ては如何に之れを決定すべきや

（十六）賣買の目的物を引渡したるときは如何なる效果を生ずるや

（十七）買受けたる物件を第三者の爲めに追奪せられたる惡意の買主は賣主に對して代金取戻の外尙ほ法律上の利息をも請求することを得るや

（十八）善意なる賣主が引渡後に賣渡物の他人に屬することを覺知したるときは何故に其の物の取戻を求むることを得ざるや

（十九）甲者あり乙者の所有に屬する物を丙者に賣却したりしが其の後に至り甲者は乙者より其の物を買受け之れが眞の所有者と爲れり此の場合に於て甲者は乙者より取得したる權利に基き丙者に對して其の物の追奪を求むることを得るや若し否らずとせば甲丙兩者間の賣買は當然有效と爲るべきものなりや

（二十）買主が追奪を受けたる部分の分割なると不分なるとにより其の賠償を受くる額に於て如何なる差異ありや又其の差異ある理由如何

（二十一）買受けたる土地に付き契約に於て述べざる人爲を以て設定したる表見なる受方地役に關して第三者の要求ありたるときは買主は賣主に對して如何なる權利を行ふことを得るや
（二十二）買主が其の買受けたる土地に先取特權又は抵當權の負擔あることを知りながら故らに滌除の方式を行はずして賣主の債權者の爲め其の所有權を取上げられたるときは買主は賣主に對して如何なる權利を有するか
（二十三）差押へたる財産の競落人が追奪を受けたるときは代金は何人に對して返還を求め損害賠償は何人に對して之れを求むべきや
（二十四）債權の賣買に於て賣主が債務者の有資力を擔保したるときの効果如何
（二十五）百圓の債權を七十圓にて買受けたるに其の債權は不成立のものなりしときは買主は尙ほ代金と債權額との差額の三十圓をも請求することを得るや
（二十六）民法財産取得篇第六十九條に所謂「爭に係る權利」の意義如何
（二十七）會社に對する自己の持分を賣渡したる者は如何なる塲合に於て追奪擔保の責に任ぜざるや
（二十八）賣主が買主の惡意を證するには如何なる證據を提出することを要するか

理由と共に之れを論述すべし

(二十九) 法律は代金辨濟を後日に延ぶるの合意を爲したりとて賣渡物の引渡も亦後日に延べたるものと推定せざるは何故なるか

(三十) 買主が代金の辨濟を拒むことを得る場合及び其の條件如何

(三十一) 民法財産取得篇第八十條第二項に「日用品其の他速に敗損すべき物に付ては賣主は買主の爲め之れを轉賣することを得るときは其の轉賣を爲すことを要す」とあり若し此の場合に於て賣主が轉賣を爲すことを怠り爲めに損害を生じたるときは其の責に任せざるべからざるや

(三十二) 甲者あり乙者に對し其の所有の耕地二十五段歩を平均一段歩金百圓にて賣渡すべき契約を締結し賣買已に完了し所有權は已に移れり然るに後數日を經て乙者は右二十五段歩の內某々の數段は耕地にあらずして土砂を掘取りたる跡なりしことを發見し該地を差戻し一段歩百圓の平均價額を以て其の代價を取戻さんことを要求せり右乙者の要求は相立つべきや

但該賣買地には一段歩百圓以上のものもあれば又七十圓位のものもありて本案係爭地の如き下等の地所あればこそ平均百圓に見積り賣却したるものなり

とは甲者の抗辨する所にして又事實なりと云ふ

（三十三）追奪擔保に付き善意の買主が有する權利と惡意の買主が有する權利とに如何なる區別あるか

（三十四）一坪五圓の割合を以て甲號の土地百坪と乙號の土地百坪とを賣買したる場合に於て其の坪數の超過し又は不足が如何に些少なりと雖も之れが代價の補足又は減少の要求に應せざるべからざるや

（三十五）買受けたる不動產に付き抵當權又は先取特權の登記あるときは買主は如何なる期間に於て滌除を行ふことを要するや

○第三節　賣買の解除及び銷除

（一）一個の賣買證書を以て家屋付地面を代價千五百圓にて賣却したり然るに辨濟期限に至り買主は千圓を支拂ひたるのみにして殘額五百圓の辨濟を爲さず此の場合に於ける賣主の權利如何

但賣買證書中に地面の代價千圓家屋の代價五百圓たることを明記せり

（二）賣買の當時に於て當事者間に約定したる期日を經過するも尙ほ義務を履行せ

ざるときは催告をも爲さずして當然賣買を解除するを得べき旨の特約を爲したる場合に於て履行者は最早不履行者に對して義務の履行を請求する權利なきや否

(三)甲者あり明治二十六年中其の所有に係る地所二町歩を明治二十九年に至り原價を以て受戻すの約定を以て代價五百圓にて乙者に賣渡したり然るに乙者は右の約定あるにも拘はらず明治二十七年中之れを丙者に無條件にて賣渡したり此の場合に於て甲者は約定期限の到來を待たず乙者に對し違約賠償を求むることを得るや

但甲乙兩者間の約定は制規の登記を經たるものにあらず

(四)甲者乙者に某鑛山の鑛業權及ひ其の附屬物件の所有權を賣渡すの契約を結べり而して契約中に左の條項あり

一代金五百萬圓〇十ヶ年賦にて辨濟すること

一代價完濟に至るまで鑛業權及び附屬物件の所有權は賣主に留保すること

然るに結約後三年目に於て天災の爲め鑛山の一部毀滅せり是に於て乙者は甲者に對し毀滅の部分に相當する代價の減少を請求せり

右請求の當否如何

（五）甲者其の所有に係る家屋付の宅地を乙者に金千圓を以て賣渡し而して乙者は甲者に對し十ヶ年間に右金千圓を以て受戻すの契約を爲せしに其の期限内家屋は天災により燒失せり

甲者は家屋の代金三百圓を引去り地所の代金七百圓を以て地所の受戻を請求せり

乙者は家屋が天災により燒失せる以上は已に受戻すの權利を失ひたるものなり假令其の權利ありとするも當初の賣買代金千圓を拂はざれば之れを受戻すの權利なしと答辨せり

右甲者の請求相立つや否若し相立つものとせば其の受戻代金は相當なりや否

（六）甲者其の所有の土地を乙者に賣渡し而して其の賣渡期日より十ヶ年間は何時にても原代價にて買戻し得べき條件を特に讓渡登記に附記し置きたり然るに乙者は右土地の所有を得るや否丙者に其の土地を十ヶ年期の賃貸を爲し十ヶ年分の借地料を前收し置きたり後一ヶ年を經て甲者は乙者に對して原代價を以て買戻を履行したるに丙者甲者に對して賃借契約を主張し十ヶ年間之れを維持せんとせり甲者は乙者及び丙者に對して如何なる民事上の救濟を得べきや

（七）甲時計屋金時計一個價五百圓なるものを其の得意先なる乙者に掛賣し一週間を經ず且つ代金壹圓をも受取らざる前丙者あり乙者に裁判を經たる債權を有し之れを强制執行して該時計を差押たり甲者は乙者に對し時計賣買取消を請求し丙者に對し差押解除を訴へたり其の當否如何
又甲者が此の塲合に受くべき他の法律上の保護ありや若しあらば其の手續如何
（八）法律上の解除と合意上の解除とは如何なる點に於て區別すべきや
（九）不動產の賣買に付き解除訴權の第三者に及ぼす效力と動產の賣買に付き解除訴權の第三者に及ぼす効力とは如何なる差異ありや
（十）受戻權能の成立には如何なる條件を要するや
（十一）一旦定めたる受戻權能行使の期間は假令法律の制限內と雖も之れを伸長することを許さゞる理由如何
（十二）受戻權能と再賣買の豫約との差異如何
（十三）受戾の要約を賣買後に爲し又は賣買と共に爲すも之れを別證書に記載するときは何故に之れを有效と爲さゞるか
（十四）賣主の債權者をして賣主に代りて受戻權能を行ふことを得せしめたる理由

如何(民法財産篇第三百三十九條參看)
(十五)賣主の債權者より受戻權能の行使を受けたるときときは買主は之れに對して何如なる權利を主張することを得るや
(十六)受戻權能を行使したる賣主は買主に對して賣買代價の外利息は之れを辨濟することを要せざるや否其の理由を詳述して之れに答ふべし
(十七)受戻權能附屬にて賣渡したる不動産が公用徵收の爲めに買上げられ既に其の物を受戻すこと能はざるに至りたるときは賣主は買主の受取りたる徵收代價に對して受戻を行ふことを得るや
(十八)受戻權能附屬にて賣渡したる共有不動産の不分部分が競賣に因りて共有者の一人又は外人に競落したる場合に於て其の買主の受取りたる代金が前の買受代金より高額なりしときは賣主は尙ほ受戻權能に準據して其の差額を請求することを得るか
(十九)受戻權能附屬にて賣渡したる家屋を買主が保險に付したる場合に於て若し其の家屋が火災に罹りて燒失し買主が保險額の賠償を受けたるときは賣主は其の賠償額に對して受戻を爲すことを得るか

(二十) 隱れたる瑕疵ある原因によりて契約を廢却する場合と物の品質上の錯誤によりて契約を銷除する場合との間に存する差異如何

(二十一) 隱れたる瑕疵に基き賣買廢却訴權を行ふには如何なる條件の具備することを要するや

(二十二) 甲者あり明治二十八年二月一日乙者より一頭の乘馬を買受け同月十日之れを丙者に賣渡せり然るに丙者は同年三月五日に至り其の馬は賣買數月以前より既に隱れたる瑕疵の存在せしことを證明して之れが賣買の廢却を求めたるより甲者も亦乙者に對して同樣の請求を爲さんとす甲者の請求は相立つや否

(二十三) 賣渡物が意外の事又は不可抗力に因りて全部又は半以上滅失したるときは何故に法律は代價減少訴權の外賣買廢却訴權を許さゞるや

(二十四) 合式の强制賣却に付き賣買廢却訴權及び代價減少訴權の行使を許さゞる理由如何

(二十五) 我民法に於ては損失を原因として賣買の銷除を求むることを得ざるか

(二十六) 甲者其の所有の土地を十年間他に讓渡することを得ざる約定にて乙者に賣却せり(此の約欵は賣買證書に記入し登記を經たり)後日乙者約に違ひ之れを丙

者に賣渡し之れが登記を經たり甲者は丙者に對して右土地の取戻を要求す其の當否如何

○第四節　不分物の競賣

（一）不分財產の分割を爲すに當り苟も共有者の一人に於て現物の分割を拒む者あるときは假令其の物は適當に且つ損失なくして分割を爲し得べきときと雖も之れが分割を許さゞるや其の理由と共に之れを詳述すべし

（二）競賣又は協議賣却によりて共有者の一人が取得者と爲りたるときは如何なる點に於て普通の賣買と差異を生ずるや

（三）賣買と分割とは其の効果に於て如何なる差異ありや

○第四章　交換

（一）交換と賣買とは其の性質に於て如何なる區別あるか

（二）一方が或る物を取得する對價として他方に對して有する債權を免除するものは之れを交換と云ふことを得ざるや

(三)交換の場合に於ける追奪擔保と賣買の場合に於ける追奪擔保との差異如何

(四)當事の一方が他の一方の諾約したる物又は權利を取得することを得ざりしときは其撰擇を以て或は金錢の對價を要求することを得とは民法財產取得篇第百八條第二項の規定する所なり然らば此の場合に於ける行爲は尙ほ之れを交換と看做すべきや將た賣買と看做すべきや

(五)當事者の一方が他の一方の諾約したる物又は權利を取得することを得ざりしとき其の撰擇を以て契約の解除を請求し自己の供與したるものを取戻さんとするに當り若し其の物が既に第三者に移轉したるときは尙ほ其の第三者に對して之れが取戻を請求することを得べきや

(六)賣買の規則を交換に適用し得べき場合と其の適用し得べからざる場合とを詳敍すべし

(七)夫婦間に在りては賣買は之れを禁ずるも交換は之れを禁せざる理由如何

(八)當事者が指定の期間に於て任意に交換を解除する旨を約したるときは其の効果如何

○第五章　和解

（一）和解に因りて得たる所有權は此の契約の爲めに始めて取得したるものとするや如何
（二）和解は法律の錯誤の爲めに銷除することを得ず其の理由如何
（三）和解と確定判決との異同如何
（四）和解の成立要素如何
（五）和解は如何なる種類の契約に屬するや
（六）僞造の證書又は無効の行爲に由りて承諾したる和解は之れを銷除することを得べきか
（七）和解を以て認定的行爲と爲すと供與的行爲と爲すと其の結果に於て如何なる差異あるや
（八）和解を以て認定的行爲なりとするときは其の認定を得たる權利者が他の一方に對して供與する行爲は無原因にあらざるか如何

○第六章　會社

（一）民事會社の成立には如何なる條件を要するや
（二）會社解散の原因如何
（三）民事會社と商事會社との區別を說明し且つ其の區別に付き立法上の當否を論述すべし
（四）民事會社を設立するには如何なる出資を要するや又其の出資の種類によりて社員が會社に對して有する權利義務に差等ありや
（五）會社を法人と爲すと否とに依り其の結果に於て如何なる差異ありや
（六）民事會社が其の資本を株式に分つときは何故に商法の規定に從はざるべからざるや
（七）會社と共有財産とは如何なる點に於て區別すべきや
（八）人の信用は之れを出資と爲すことを得るや否
（九）法人たる民事會社の社員が第三者に對する責任は無限なるや將た有限なるや
（十）會社は私犯の主体たることを得ざるものなりや否
（十一）夫婦間に於て民事會社を設立することは法律の禁制する所にあらざるか
（十二）請求の目的が五十圓以上なるときは人證を許さずとは證據法の規定する所

なり然らば會社の場合に於て其の目的の五十圓とは如何なる標準によりて之れを定むべきや

（十三）社員が金錢を以てする出資の差入を怠りたる場合と普通金錢に關する義務の履行を怠りたる場合との間に於ける制裁の差異如何

（十四）社員が物の收益權を以て出資と爲したる場合に於て其の出資が繼續出資の方法を以て爲したるや將た單に收益すべき物件を委附するの方法を以て爲したるや不明瞭なるときは如何に之れを決定すべきや

（十五）會社契約を以て業務擔當人の權限を定めざりしときは其の業務の擔當人は如何なる行爲を爲すことを得るや

（十六）如何なる場合に於ては業務擔當人を解任することを得るか

（十七）社員か會社に對して損害賠償の責に任すべき注意の程度如何

（十八）社員が過失又は懈怠に因りて會社に加へたる損害は社員が會社營業の他の事件に付きて會社に得せしめたる利益と相殺することを得ずとの原則に對する例外の場合如何

（十九）會社契約を以て業務擔當人を定めたる場合と其の之れを定めざる場合とに

より社員が會社の業務に對して用ふべき注意の程度に差異ある理由如何(民法財產取得篇第百三十一條第百三十二條參看)

(二十) 會社と社員との間に存する特別計算上の利息に付き會社が債權者たる場合と社員が債權者たる場合とに於て如何なる差異あるや又其の差異ある理由如何

(二十一) 社員が損失のみを豫見して其の持分の負擔を定めたるときは其の利益配當は如何なる標準によりて爲すべきや

(二十二) 甲乙社員の出資は同一なるにも拘はらず其の利益の配當に於て甲社員は十分の九を受け乙社員は十分の一を受くべしとの約款は無効なりや否

(二十三) 技術又は勞力を以て出資と爲したる社員に全く損失の負擔を免れしむべき約款の無効ならざる所以如何

(二十四) 社員が自己の持分に第三者を組合はしめ又は其の持分を質入し若くは之れを讓渡したるときの効果如何

(二十五) 民事會社は特約を以て社員の一人又は數人若くは全員の責任をして其の出資に限るべきことを約するを得るか若し然りとせば其の特約は第三者に對して効力ありや

（二十六）繼續出資の不能と繼續出資の不履行との區別如何（民法財產取得篇第百四十四條第四號第百四十五條第三號參看）
（二十七）會社契約を以て會社の繼續期間を或る社員の終身間と定めたるときは各社員は如何なる事情あるも其の社員の生存中は會社の解散を請求することを得ざるや
（二十八）法律は如何なる條件の具備するときは默示を以て會社の繼續期間を伸長したるものと看做すや
（二十九）清算中には如何なる事項を包含するや
（三十）清算人權限の大要を論述すべし
（三十一）清算人の權限と普通代理人の權限との異なる點如何
（三十二）會社財產の分割は權利取得の方法なるか將た權利認定の方法なるか
（三十三）會社法に於て如何なる行爲は總社員の一致を以て決することを要し又如何なる行爲は其の過半數の決議に由るべきや
（三十四）當事者は其の意思を以て商事會社を民事會社と爲し又は民事會社を商事會社と爲すことを得べきか

（三十五）借財及び訴訟は業務擔當人の爲すことを得べき行爲に屬するや否

（三十六）社員が其の持分を質入と爲すには如何なる手續に依るべきや

（三十七）民事會社を合資會社の組織に構成し其の方式を履行したるときと雖も社員の責任は尙ほ連帶無限なるべきか

（三十八）民法財產取得篇第四百二十條の分割銷除の訴權は之れを會社の場合に適用することを得べきや

○第七章　射倖契約

（一）射倖契約たるには如何なる條件を具有することを要するか

（二）民法財產取得篇第百五十七條に於ける射倖契約の定義と民法財產篇第三百一條に於ける射倖合意の定義と其異なる所あるは何故なるか

○第一節　博戲及び賭事

（一）博戲及び賭事の意義及び其の區別如何

（二）法律は何故に体軀の運動を目的とする博戲に限り保護を與へたるか

（三）甲者あり乙者に約して曰く子若し今年の辯護士試驗に及第せば余は若干金を子に拂ふべし若し落第せば子は余に若干金を拂へと乙者乃ち之れを諾せり右契約の効力如何

（四）辯護士が或る訴訟事件を擔當するに當り其の謝金を約するに勝訴のときは百圓敗訴のときは五十圓と定めたるときは其の契約は有効なるや否

（五）賭事は如何なる塲合に於て訴權を生ずるか

（六）法律の許容する範圍内の博戲又は賭事にして其の諾約したる金額又は有價物が事情に照して過度なりと見ゆるときは裁判所は之れを減少することを爲さずして全く其の請求を棄却することゝ爲したり是れ如何なる理由によれるや

（七）訴權を生ぜざる博戲又は賭事に由りて辨濟したるものゝ取戻を許さゞるは如何なる條件を備ふる塲合なるや又其の取戻を許さゞる理由に於て自然義務と如何なる點に於て差異あるや

（八）博戲又は賭事を爲すに當り豫め賭物を當事者雙方の面前に提出し置きたるときは之れを以て辨濟を見做すことを得べきや

（九）法律の許さゞる博戲又は賭事の爲めに金圓を借入れたるときは貸主は裁判上

之れが返還を請求するの訴權を有するか
(十)代理人が委任を受けて法律の許さゞる博戯又は賭事を爲して敗を取り金圓を支拂ひたるときは委任者に對して之れが返還を求むることを得るや
(十一)富講と頼母子講とは其の性質に於て如何なる區別あるか
(十二)定期賣買が法律の許さゞる博戯又は賭事と同視せらるゝは如何なる場合なるか
(十三)民法の所謂博戯及び賭事は刑法の所謂博奕中に包含せざるや否

○第二節　終身年金權

(一)終身年金權と無期年金權との區別如何
(二)終身年金權設定の方法如何又其の方法の異なるより生ずる所の効果如何
(三)動產若くは不動產なる元本の讓渡の報酬として終身年金權を設定したる場合に於て其の元本が金錢なると金錢外の有價物なるとにより効果に於て如何なる差異を生ずるや
(四)既往若くは將來の勤勞の報酬として終身年金權を設定したる場合に於て假令

其の年金權が報酬を與へたる外に設定せらるゝときと雖も法律が之れを以て有償と爲したるは何故なるか

(五)讓渡したる元本の上に留存して終身年金權を設定したる場合に於て其の讓渡が有償なると無償なるとにより年金額の定め方に如何なる差異を生ずるや

(六)無償にて讓渡したる物の上に留存して設定したる終身年金權と贈與したる物の上に留存して設定したる用益權とは其の効果に於て如何なる差異ありや

(七)甲者乙者に謂て曰く子余の爲めに余の父に對して終身年金權を與へよと然るに乙者は嘗て甲者に對して恩義の存するものあるにより直に之れを承諾したり右契約の効力如何

(八)第三者の利益の爲めに年金權を設定したるときは要約者と諾約者との間要約者と得益者との間及び諾約者と得益者との間に如何なる關係を生ずるや

(九)法律が債務者の終身を期して年金權を設定することを得せしめたるは終身年金權の性質に反することなきか

(十)第三者の終身を期したる年金權の設定にして有償のものなるときは何故に第三者の承諾を必要とするか又其の承諾前に辨濟したる年金は之れを取戻すことと

を得ざる理由如何

（十一）終身年金權は未だ胎内に在らざる者の爲めに設定することを得べきや若し設定することを得べきものとせば其の理由如何

（十二）無償の身終年金權の契約は其の設定の爲め終身を期せられたる人が合意の當時既に死亡して在らざるも無効とならざるか（民法財産取得篇第百六十八條參看）

（十三）民法財産取得篇第百六十八條第二項の塲合に於ては其の終身を期せられたる人が合意の當時既に疾病に罹り居ることを當事者雙方に於て之れを知らざりしことを要するや否

（十四）法律が無償名義にて設定したる終身年金權に限り設定者をして其の讓渡且つ差押を禁ずる旨を定むることを得せしめたるは如何なる理由に基くや

（十五）甲者は乙者に一萬圓を遺贈し而して丙なる相續人の爲めに終身年金權を留存したり此の塲合に於て甲者は其の終身年金權を以て讓渡し且つ差押ふべからざるものと定むることを得べきや

（十六）年金の支拂を一ヶ月宛前拂に爲すべき約定にて二月の年金額を一月中に支拂を爲したる塲合に於て其の終身を期せられたる人が二月の初に死亡したると

きは其の二月分の年金額は日割を以て計算することを得ざるか若し然りとせば其の理由如何

（十七）年金債權者が解除の權利を留保せざるときは假令年金債務者が年金の支拂を怠りたるも之れを以て契約の解除を請求することを得ざるは何故なるか

（十八）終身年金權は如何なる原因によりて消滅するや

（十九）民法財產取得篇第百七十五條の原因によりて債權者が契約の除解を請求し得べきときは何故に其の既に取得したる年金は之れを返還するに及ばざるや

（二十）年金債務者にして年金の支拂を欠きたるときは年金權債者は單に其の財產を差押ふることを得るのみにして之れが解除の訴權を有せず然るに其の擔保を供せず又は供したる擔保を減少するときは却て解除の訴權を有するは如何なる理由に基くや

（二十一）年金權と年金との區別及び其の之れを區別するに於て如何なる利益あるか

（二十二）辨濟及び相殺は終身年金權消滅の原因とならざるか

○第八章　消費貸借及び無期年金權

○第一節　消費貸借

（一）消費貸借と使用貸借との差異如何
（二）貸主に屬せざる物件を消費貸借の目的物と爲したる塲合に於ける契約の効力如何
（三）消費貸借は之れを合意と云ふべきものなりや將た之れを契約と云はざるべからざるものなりや理由を詳述すべし
（四）消費貸借には如何なる條件を要するや
（五）消費貸借は諾成の契約なるや將た要物の契約なるや消費貸借は片務の契約なるや將た雙務の契約なるや消費貸借は有償契約なるや將た無償契約なるや
（六）有償の消費貸借と賃貸契約との差異如何
（七）消費貸借と準用益權との區別如何
（八）消費貸借の塲合に於ける物品は不可抗力の爲め返還すること能はざるの塲合ありや
（九）民法財產取得篇第百八十條の所謂「返還すること能はざる」とは絕對的に返還す

ることと能はざる場合を謂ふか將た其の時期に返還することと能はざる場合を謂ふか

(十)不可抗力の爲め借用物を返還することと能はざるときは其の義務は履行不能の爲めに消滅するや否

(十一)借用物が融通を禁ぜられたる場合に於て其の物が未だ借主の手許に存して之れを費消せざりし前なるときは借主は尙ほ其の物を返還して義務を免るゝことを得べきや如何

(十二)不可抗力に因りて借用物を返還することと能はざるときは借主は其の物の不可抗力に罹りし日及び場所の相場に從ひて算定したる其の物の價額を負擔すとは民法財產篇取得第百八十條の定むる所なり然れども其の返還を爲すべき際には既に其の物は返還することと能はざるものと爲りたるを以て其の時期及び場所に於ける相場は到底之れを知るに由なきが如し如何

(十三)貸主が自己に屬せざる物を以て消費貸借の目的と爲したる場合に於て其の有償なると無償なるとにより貸主が借主に對する擔保の責任に如何なる差異を生ずるや理由と共に之れを詳述すべし

（十四）法律を以て利息に制限を附するの可否如何
（十五）民法の消費貸借と商法の消費貸借との差異ある點如何
（十六）特約なき場合に於ける利息の辨濟が後日取戻すことを得ざるは如何なる條件を具備する場合なるや
（十七）民法財産取得篇第百八十七條の所謂「不正當の利息」とは法律の制限を超過したる部分を云ふものなるか將た其の利息全部を云ふものなるか
（十八）貸主は如何なる條件を具備する場合に於ては利息の請求權を失ふべきや

○第二節　無期年金權の契約

（一）無期年金權の意義及び其の普通貸借と異なる點如何
（二）無期年金を負擔する債務者は常に之れを辨濟することを得るを以て原則と爲し此の原則に對して反對の合意を許さゞる理由如何
（三）民法財産取得篇第百九十二條末項の損害賠償中には債權者か辨濟を得て之れを使用して得べき利益又は使用するを得ざるにより受けたる損失は之れに包含せざるや否

(四)無期年金の債務者は如何なる塲合に於て債權者より元本辨濟の强要を受くるや又其の强要を受くる理由如何

(五)當事者が元本の評定を爲し置きたる塲合に於て其の元本額が年金額に比して甚だ少なく即ち其の年金額を利息制限法に照すに大に超過したるときは尙は其の年金を以て正當と爲すべきや將た利息制限法に違反したるものと爲さゞるべからざるや

○第九章　使用貸借

(一)使用貸借と寄託とは如何なる點に於て差異あるや

(二)使用貸借の成立の要件如何

(三)使用貸借は如何なる種類の契約に屬するや

(四)使用貸借には一回の使用に因りて直に消耗する物を以て目的と爲すことを得るや

(五)使用貸借の塲合に於て借主の權利は何故に相續人に移轉せざるか

(六)使用貸借に於て借主は借用物の保存に付き如何なる注意を用ふることを要す

るや

（七）借主が意外の事又は不可抗力に因りて生じたる借用物の滅失又は毀損に付き其の責に任ずべき場合を列擧すべし

（八）借主が自己の物と借用物とが同時に危險を受くるに際し借用物を措て自己の物のみを救護したる場合に於て其の救護したる自己の物の價額が借用物に比して高價なりしときと雖も借主は其の責に任せざるべからざるか

（九）借主が借用物の第三者の所有に屬することを知りたるときと雖も尙ほ貸主又は其の代人に返還することを要する理由如何

（十）數人連合して一物を借用したる場合に於ける借主の義務の體樣如何

（十一）貸主は如何なる條件を具備するときは期限前に借主に對し貸與物の返還を請求することを得るや併せて其の理由を問ふ

（十二）貸主が借主に對して負擔すべき義務如何

（十三）貸主は或る場合に於て借主に對して義務を負擔することあり然らば使用貸借は雙務契約なりと云はざるべからざるや如何

（十四）使用貸借に於て借主の權利は理論上物權と爲すべきか將た人權と爲すべき

か

○第十章　寄託及び保管

○第一節　寄託

(一)寄託の目的物は何故に動産に限るへきや

(二)受寄者が自己の利益を目的として要用に從ひ受寄物を使用するの許諾を得て寄託を受けたる場合に其の物を使用したるときは寄託契約は變じて使用貸借契約と爲るや

(三)甲者數十年前乙者より慶長小判を封金の儘預り左の證書を付與し置けり

一慶長小判　何十枚但封金の儘

右正に預り候處確實也要用の節は何時にても御渡し可申候

右甲者が乙者より返濟の要求を受けたるときは該小判は特定物として其の儘之れを返濟することを要するや將た之れを今日の通貨に換算して返濟するも可なるや

(四)甲女あり乙男より金若干圓を預り其の預り證書を交付し置きたり而して其の

後甲女は乙男と結婚したりしが故ありて離婚したり依て乙男は右の證書を以て甲女に對し預金返還の請求を爲せり甲女は之れに應ずるの義務ありや
(五)寄託及び保管は如何なる點に於て財産取得の方法と爲るか
(六)甲者あり保管の爲め所有の刀劍一振を乙者に寄託す甲者は丙者を殺害するの目的にて其の情を告げ乙者に刀劍返還を求む乙者は之れを拒むことを得るや
(七)寄託契約は如何なる條件を具備して成立するや
(八)寄託と使用貸借との等しき點と異なれる點とを詳述すべし
(九)寄託と代理との區別如何又其の之れを區別するに付き如何なる利益ありや
(十)寄託の種類及び其の區別如何
(十一)民法財産取得篇第二百八條の所謂「物の看守及び保存に付き利害の關係ある人」とは如何なる人を云ふや
(十二)寄託は如何なる人に於て之れを爲すことを得るや又其の寄託を受くることを得る人の能力如何
(十三)能力の完全ならざる者に對して寄託を爲したるときは當事者の間に如何なる効力を生ずるや

（十四）凡そ他人の物件を保存するものは善良なる管理人たるの注意を爲さゝるべからざるは一般の原則なり然るに寄託契約の場合に於ては受寄者は單に自己の財産に加ふると同一の注意を爲すを以て足れりとせり是れ果して如何なる理由に基くや

（十五）受寄者が普通の原則に從ひ受寄物の保存に付き善良なる管理人の注意を爲す責に任ずる場合ありや若しあらば其の場合と理由とを述ぶべし

（十六）受寄者が受寄物の性質を他人に漏泄すべからざるの義務は單に寄託者が其の物の性質を隱祕し又は受寄者一人に知らしめたるのみにて當然存するものなるや將たこれが爲めには別に寄託者の明言なかるべからざるや

（十七）受寄者は受寄物の性質を他人に漏泄すべからざるの義務あるのみならず尙ほ其の自ら受寄者たることをも亦他人に漏泄すべからざるの義務あるや

（十八）民法財產取得篇第二百十條第二項の場合に於ては受寄者は善良なる管理人の注意を爲すことを要するに第二百十三條の場合に於ては單に自己の財產に加ふると同一の注意を爲すを以て足れりとせり右は如何なる理由によりて此の區別あるか

（十九）受寄者は寄託者の要求ありたるときは如何なる物を返還することを要するや

（二十）甲者乙者より封緘なき一圓紙幣百枚の寄託を受け後其の要求せらるゝに及び五十錢紙幣二百枚を返還せり右返還は有効なるや否

（二十一）受寄者の相續人が受寄物なることを知らずして其の物を他人に贈與したるときは其の相續人は寄託者に對して如何なる責に任ずべきや

（二十二）受寄者が受寄物の秘密を守るべき義務は絶對なりや將た相對なりや

（二十三）受寄者は如何なる場合に於ては寄託者より返還の要求を受くるも之れに應ずるに及ばざるや

（二十四）任意寄託と急迫寄託との間に存する證據方法の差異及び其の差異を設けたる理由如何

（二十五）法律に於て急迫寄託と見做すべき場合及び其の理由如何

（二十六）甲旅人あり乙旅店を去るに臨み其の主人に依頼して曰く若し余が出發後に某所より荷物の來着することあらば請ふ之れを預り置けと主人乃ち之れを諾せり此の場合に於て後日主人が其の荷物を受取り之れを預り置きたるときは之

れを以て急迫寄託と看做すべきや

(二十七) 甲旅人乙旅店に滯在中丙友人より或る物件の届方を依賴せられたるにより甲旅人は一時之れを乙旅店の主人に寄託せり此の場合に於ける寄託は急迫寄託なりや否

(二十八) 旅人が其の止宿中或る物件を旅店の奴婢に寄託したるときは旅店の主人は旅人に對して急迫寄託の責に任ずべきや否

(二十九) 旅人が其の荷物を居室內に差置き外出中盜難に罹りたるときは旅人は旅店主人に對して之れが損害賠償を要求することを得るや

(三十) 甲者あり乙者より保護の爲め一の債權證書を預り居りたるに甲乙共に證書が時效に係ることを遺忘して打過ぎたるが爲め其の證書は時效に係りて遂に訴權を失せり因て乙者は甲者に對し損害賠償として證書面の金額を請求す右請求の當否如何

(三十一) 受寄者が寄託者の債權者なるときは自ら拂渡差押を爲して受寄物の返還を遲延することを得べきや否

○第二節　保管

（一）保管と寄託との差異如何
（二）保管が合意上に成りたると裁判上に成りたるとは其の効力に於て如何なる差異あるか
（三）合意上及び裁判上の保管の成立要件如何
（四）裁判上の保管人に限り法律が或る期間内保管物の賃貸を許したる理由如何

○第十一章　代理

（一）代理人が權限外の事を爲したる時委任者が第三者に對して其の責に任ずべき場合と其の責に任ぜざる場合とを區別し其の理由を明示すべし
（二）代人の越權に出でたる所爲より生ずる利益は何人に屬するや
（三）復代理に關する民法と商法との主義を說明すべし
（四）如何なる場合に於て代理人の撰定か默示上の委任に出でたるものと認めらるるや
（五）代理契約と普通契約との異なる特性を列擧すべし

（六）數人の代理人あるときは其の間に連帶の義務ありや否

（七）代理人は其の委任事件の全部又は一部を他人に依託することを得るや否

（八）私の法人は他の私の法人の代理を爲すことを得るや（例へば土木會社にして銀行の代理店と爲るが如し）

（九）委任者の指定したる復代理人の取結びたる契約に付き代理人が認諾を與へたる塲合に於て委任者は其の契約を委任權限外のものにして之れより生ずる損害賠償を復代理人に要求することを得るや

（十）長崎の甲者大阪の乙者に大阪に所有せる家屋を二千五百圓にて賣拂ふことを委托せり然るに乙者は丙者に之れを二千三百圓にて賣拂ひ且つ書狀を以て甲者に追認を求む甲者其の追認狀を發するの前右家屋は火災の爲めに燒失せり此の塲合に於て甲者は丙者に對して約定代金の二千三百圓を請求することを得るや

（十一）甲者洋行するに際し其の印を妻乙者に托し以て自己所有の地所を抵當とし金一萬圓を借入るゝことを委任せり然るに乙者は右印を用ひて金一萬二千圓を借用したり尤も餘分の二千圓は右金借入の爲め周旋料其の他の諸入費に消費したるものなり甲者は餘分の二千圓に對しても辨濟の義務ありや

（十二）材木商甲者の雇人乙者は從來甲者を代表して取引を爲し來りしが都合ありて解雇せられたるを機とし丙者に甲者の名義を以て甲者の材木若干を賣却し其の代金を消費したるを以て乙者は詐欺取財罪に處斷せられたり依て甲者は丙者に對し贓物取戻の訴を提起せり甲者請求の當否如何

但丙者は乙者の解雇せられたることを知らず

（十三）一事件に付き數名の代理人を設くるに唯一の證書を以てすると各別の證書を以てするとにより代理人の義務に如何なる差異を生ずるや

（十四）有償の代理契約と雇傭契約とは如何なる標準によりて區別すべきか又其の二者の間に存する差異如何

（十五）代理契約の意義及び其の仲買契約との區別如何

（十六）默示の委任に因れる代理と事務管理との區別如何又其の區別を爲すに付き如何なる利益ありや

（十七）有償の代理契約は雙務契約なりや將た片務契約なりや

（十八）總理代理と部理代理との區別を問ふ

（十九）代理の權限は如何なる標準によりて其の區域を定むべきや

(二十) 訴訟を爲すの委任を受けたるときは何故に仲裁人を選任して其の判斷に委するの權限なきや

(二十一) 無能力者に代理を委任したるときは委任者と代理人との間に如何なる効果を生ずるや

(二十二) 代理人が委任者の指定に從ひ復代理人を選任じたるときは代理人は其の復代理人の行爲に付き委任者に對して如何なる責任あるか

(二十三) 代理人が委任者の指定したる復代理人を選任したるに其の復代理人が無能又は不誠實なるに因り委任者又は代理人に於て之れを解任したるときは代理人は直に他の復代理人を選任することを得るや

(二十四) 甲者或る物品受取の爲め乙者を以て之れが代理人と爲したるに乙者は又丙者を以て復代理人に任じ其の物品を受取らしめたり然るに乙者之れを受取り我家に歸るや偶〻强盜の爲めに其の物品を奪取せられたり此の場合に於て乙者は甲者に對して損害賠償の責に任せざるべからざるや

(二十五) 委任者は復代理人に對して直接訴權を有するものなるや將た間接訴權を有するものなるや

（二十六）代理人は自己の權限に因りて選任したると將た委任者の指定に因りて選任したるとを問はず委任者に對して復代理人の無資力より生ずる損害を賠償するの義務なきや
（二十七）委任者は代理人に對して如何なる義務を負擔し代理人は委任者に對して如何なる義務を負擔するや
（二十八）我法律に於て委任者が代價を指定して物品の買入を委任したる場合に於て其の指定の代價を超過するにあらざれば之れを買入るゝこと能はざるときは代理人は其の超過額を拋棄して買入の認諾を委任者に求むることを得又委任者は代理人の辦濟したる代價を以て物品の引渡を求むるを得ることゝ爲したり其の理由如何
（二十九）代理人が權限外の事を行ひたると委任外の事を行ひたるとは其の効果に於て差異ありや
（三十）代理は原則上無償にして寄託は本來無償なり二者等しく無償なるに何故に代理人が委任事件を成就するに付ては善良なる管理人たるの注意を要し受寄者が受寄物の看守及び保存に付ては單に自己の財產に加ふると同一の注意を爲す

を以て足れりと爲したるや

(三十一) 代理人が委任事件を成就するに付ては如何なる場合と雖も善良なる管理人たるの注意を爲すの責に任せざるべからざるや將た其の場合の如何に因りて寛嚴其の度を異にすることありや

(三十二) 民法財產取得篇第二百四十一條の所謂「委任者が正當に受取ることを得ざる金額若くは有價物を代理人が受取りたるとき」とは如何なる場合なりや又此の場合に於て代理人は何故に其の受取りたる金額若く有價物を委任者に返還することを要するや

(三十三) 委任者の許諾を受けずして其の元本を自己の利益に使用したる代理人の負擔すべき利息に付ては普通の場合と如何なる點に於て差異ありや

(三十四) 一個の事件に付き數人の代理人あるときは其の各代理人は連帶して過失の責に任せざるべからざるや

(三十五) 委任者は如何なる時期に於て謝金の辨濟を爲さゞるべからざるや又其の辨濟すべき謝金の額は如何

(三十六) 代理人が委任者に對して留置權を行ふには如何なる條件を要するか

（三十七）委任者が代理人に對する義務と代理人が委任者に對する義務と其の体樣に於て如何なる差別あるか又其の差別ある理由如何

（三十八）甲者乙者に對して代價を定めず或る物品を丙者より買取るべき事を委任したるに後に至り百圓以下にてとの制限を付し且つ其の委任狀を更正したり然るに丙者之れを知らずして乙者と百圓以上にて賣買の契約を爲したりとせば此の契約は甲者に對して有効なりや否

但丙者が乙者の代理に制限を付せられたることを知らざりしは全く最初の委任狀を一覽したるのみにて其の後賣買の當時に於て再び之れが閲覽を求めざりしに因ると云ふ

（三十九）代理は如何なる原因によりて終了するや

（四十）代理は未必條件の成就に因りて終了すべきことは民法財産取得篇第二百五十一條の定むる所なり然らば其の未必條件とは停止の未必條件なるや將た解除の未必條件なるや但しは又其の他の未必條件なるや

（四十一）代理は更改、合意上の免除、相殺、混同、銷除、廢罷、解除に因りて消滅せざるや否を論述すべし

(四十二) 代理は委任者一方の利益の爲めに設けられたるものなるときは假令謝金を約したるときと雖も委任者一己の意思を以て癈罷することを得る理由如何

(四十三) 代理の癈罷は何故に其の効力を既往に溯らしめざるか

(四十四) 甲乙の兩者共同して丙者に一棟の家屋を建築すべき委任を爲したり然るに其の後に至り甲者は丙者に對して代理の癈罷を爲したりとせば其の癈罷は乙者の委任に如何なる効力を及ぼすや

(四十五) 代理人の選任を以て默示の癈罷ありたるものと爲すには如何なる條件を要するや

(四十六) 代理人と委任者との間に於ける代理終了の効力は如何なる時期より發生するか

(四十七) 代理終了の効力が第三者に對して發生する時期如何

(四十八) 民法財産取得篇第二百五十九條の塲合に於て代理人又は其の相續人の爲すことを要する行爲は代理人たるの資格を以て爲すものなるや將た事務管理者たるの資格を以て爲すものなるや

(四十九) 甲者其の知友なる乙者の西京に旅行せんとするに當り之れに依頼するに

西京の名物なる織物を買ひ來らんことを以てす乙者之れを諾したるときは其の約束は代理契約を成すものなりや否

（五十）甲者乙者より金三千圓を預り時價にて米を買入るべきことを託され一石六圓の比を以て買入れ置きしに米價頓に騰貴せしを以て陰に之れを賣却して若干の利益を得而して復た六圓に低落するを待て更に買入れ之れを乙者に渡せり乙者右の事實を探知し甲者が得たる利益を己れに得んことを訴求せり其の當否如何

但時價は甲者が適當と看認めたる時を指す隨て引渡期限の定めなし

○第十二章　雇傭及び仕事請負の契約

○第一節　雇傭契約

（一）醫師と患者、辯護士と訴訟人、學校教師と生徒との間には如何なる義務關係ありや

（二）普通の賃貸契約と雇傭及び仕事請負契約との差異如何

（三）雇傭契約の成立條件如何

（四）賃銀と給料との區別如何

（五）雇傭契約に於て雇傭人の給料又は賃銀を定むるの標準を定めざしときは如何に之れを判定すべきや
（六）雇傭契約は如何なる場合に於て終了するや
（七）法律を以て雇傭期限に制限を設くの必要あるか
（八）雇傭契約は如何なる種類の契約に屬するや
（九）雇傭を終了せしむる正當の原因が主人より出づると雇傭人より出づるとにより其の効果に於て如何なる差異ありや
（十）家に奉侍する婢僕の雇傭は家長たる主人の死亡によりて直に終了するや否
（十一）民法財產取得篇第二百六十三條の場合に於て主人が雇傭人に對して負擔すべき償金は如何なる名義に因れるものなるや
（十二）雇傭人が自己の過失にて死亡したる時は相續人は其の損害を賠償するの義務ありや否
（十三）角力、俳優、音曲師等と座元興行者との間に於ける雇傭の期間如何（民法財產取得篇第二百六十一條第二百六十五條參看）
（十四）甲官吏あり一ヶ年金百圓の取極にて一ヶ年間乙車夫を雇入るゝの約束を結

びたるに乙車夫は其の五ヶ月目に至り該契約を履行せず此の場合に於て乙車夫は右五ヶ月分の給料を請求することを得るや若し得るとせば其の名義如何

○第二節　習業契約

（一）習業契約の成立には如何なる條件を要するや
（二）習業契約は必ず工業人、工匠又は商人の間にあらざれば行はるゝことなきか
（三）習業契約と雇傭契約との差異は如何なる點に在りや
（四）師匠又は親方と習業者との間の權利義務如何
（五）習業契約は當事者の志願にて兵服に服したるときと雖も當然終了するものなるや否
（六）習業契約の終了原因を詳擧せよ

○第三節　仕事請負契約

（一）仕事請負契約と雇傭契約との差異如何
（二）仕事請負契約と仕事を爲すべき條件付の賣買契約とを區別する標準如何又其

の之れを區別するに付き如何なる利益ありや
（三）請負工事の滅失毀損は何人に於て之れを負擔すべきものなりや
（四）仕事中に注文者より前金又は内金を供したるときは之れを以て注文者が既成の仕事を受取りたりと看做すべきや若し然らずとせば其の理由如何
（五）注文者より請負人に對する賠償訴權の時効期間及び起算點に付き物の全部の滅失の場合と物の一分の滅失又は重大の毀損の場合との間に如何なる差異ありや又其の差異を設くるの必要如何
（六）法律は何故に注文者には其の意思のみにて契約を解除するの權能を附與しながら請負人には之れと同一の權能を附與せざるや
（七）請負人の留置權は何故に不動産物の上に行れざるや
（八）請負人と下請負人との關係及び下請負人と注文者との關係を説明すべし

○第十三章　相續

○第一節　家督相續

（一）相續を爲し得べき者が其の地位を失ふ場合如何

（二）家督相續は如何なる順位に依るべきや

（三）叔父が姪の相續を爲すには如何なる塲合に於てするを要するか

（四）隱居を爲すに付ては如何なる條件を要するや

（五）隱居相續の塲合に於て相續人は損失を受けたることを理由として受諾を銷除することを得るや若し銷除することを得るとせば受諾銷除後の隱居者及び相續人の地位如何

（六）隱居相續に付て故障を爲すの權を有する者は隱居屆出の日より六十日内に爲すことを得るの規定なり若し其の故障權を有する者或は海外に在りて其の事實を知らず或は戰爭其の他避くべからざる危難に遭遇し其の期間内に故障を爲すこと能はざる塲合に於て法律上其の失權を回復するの道ありや否（民法財産取得篇第三百八條第三百九條參看）

（七）甲者あり其の家を統轄して戸主たり一朝二豎の襲ふ所と爲り遂に物故す其の妻乙者之れが相續人たらんことを欲し合意の上長女丙者を廢嫡して自ら相續人たるの屆を爲せり此の塲合に於て甲者の父丁者は乙者を相手取り不法相續取消の訴を起さんとす曲直如何

但甲者の血屬親は丙丁の二人あるのみなるを以て丙者を廢嫡したる上は相續權は當然丁者にあるものなりとは丁者の自ら主張する所なりと云ふ

（八）左の契約に基き甲者が契約に背き乙者に家督を讓渡さゞるにより乙者と丙者は原告と爲り甲者を相手取り家督相續契約履行の訴を起したり

養子相續契約證

今般貴殿弟乙殿を媒人當村某某御兩氏の御立會を以て私養子に貰受け長女丁と婚姻相整ひ則ち持參金千圓正に領收候處確實也然る上は速に家督相讓り可申候且該相續の件に付き親戚は勿論他に一切異議無之仍て立會人連署養子相續契約證如件

養子貰受人　甲　印

媒人親戚惣代　某　印

丙　殿

右訴訟の勝敗如何

（九）家督相續は如何なる主旨に基くものなりや

（十）家督相續に付ての無能力と不適位との間に存する差異如何

（十一）家督相續に因らずして一家を新立したる戸主は有効に他家の家督相續人に指定又は選定せらるゝことを得べきや

（十二）推定家督相續人が被相續人を死に致し又は死に致さんとする正犯を幇助したる從犯なるときは不適位者として相續より除斥せらるべきか（民法財産取得篇第二百九十二條參看）

（十三）被相續人を死に致し又は死に致さんとしたる爲め刑に處せられたる推定家督相續人は當然相續より除斥せらるべきものなりや將た判決に因て始めて除斥せらるべきものなりや

（十四）相續除斥の言渡を爲したる判決は其の除斥を利益する者に對すると第三者に對するとにより其の効力を異にするや

（十五）次男にして戸主たる父の許諾を受けずして婚姻を爲し一家を新立したる者は假令長男が戸主たる父に先ちて死亡し且つ他に相續を爲すべき卑屬親なきときと雖も家督相續人たることを得ざるや否

（十六）推定家督相續人たるに必要なる條件如何

（十七）民法財産取得篇第二百九十七條に定むる法定の推定家督相續人を廢除する

ことを得べき原因は例示的のものなりや將た制限的のものなりや

（十八）重罪に因れる處刑の言渡を受けたるに因り廢除せられたる法定の推定家督相續人が其の再審の訴に因り前の確定判決を破毀せられ無罪の言渡を受けたるときは廢除は當然取消と爲るべきものなりや將た被相續人に於て其の廢除を取消すにあらざれば到底以前の地位を回復することを得ざるものなりや

（十九）一旦廢除を取消されたる法定の推定家督相續人は再び同一の原因に因りて廢除せらるゝことなきや

（二十）家督相續人の指定は身分取扱吏に申述して之れを爲すことを得ざるか

（二十一）祖父は如何なる塲合に於ても家督相續人を選定するの權なきや

（二十二）選定家督相續人の順位に於て女子が男子に先つべき塲合ありや

（二十三）選定すべき家督相續人あらざる塲合に於て其の家に父母なくして祖父と祖母とあるときは祖父のみ常に任意に家督相續を爲すの權を有するや將た祖母の此の權を有する塲合ありや

（二十四）家督相續人が單純の受諾を爲したることを以て隱居を爲すに付ての一要件と爲したる理由如何

（二十五）民法財產取得篇第三百八條第一號第二號の事實に對して故障を申立つることを得る親族に付ては敢て其の遠近を問はざるものなりや
（二十六）戶主が隱居を爲すに必要なる他の條件を具備するも若し法定の推定家督相續人を有せざるときは之れを爲すことを得ざるや將た法定の推定家督相續人なきも指定の推定家督相續人を有するときは之れを爲すことを得るや
（二十七）死亡に因れる家督相續と隱居に因れる家督相續との間に存する差異如何
（二十八）家督相續人の種類を列擧し且つ其の區別を說明すべし
（二十九）家督相續の必要條件如何
（三十）法定家督相續人は如何なる權利を有するや
（三十一）父母が家督相續人を撰定するには如何なる手續に依るべきや
（三十二）相續開始の際に於て先妻の子は後妻の子に先じて家督相續を爲すの權利を有するや
（三十三）隱居相續は如何なる日時に於て確定するや
（三十四）甲婦あり其の良人の死亡するや他に其の嫡子あるにも拘はらず正當の順位を超へて自ら其の家督を相續したり最近の親屬一同大に怒り不當相續取消の

訴を提起したり然るに裁判所は凡そ相續を不當なりとして之れが取消を請求するものは自ら相續權ありと主張するものにあらざれば訴權なしとの理由を以て親屬一同の訴を却下したり右裁判の當否如何

○第二節　遺產相續

（一）甲者あり其の長男乙者次男丙者を遺して死亡したる場合に乙者未だ何等の決意を表せずして三ヶ月內に更に一子丁者を遺して死亡したるときは甲者の遺產に對する丙丁兩者の地位如何

（二）除斥及び廢除の規定は之れを遺產相續の場合にも適用すべきや否

（三）家督相續と遺產相續との間に存する差異を列擧せよ

○第三節　國に屬する相續

（一）國家は如何なる場合に如何なる名義にて一私人の相續を引受くるや

（二）相續人のあらざる財產は如何なる場合に存するか又其の財產の當然國に屬する所以如何

（三）國に屬する相續なる者は家督相續なりや將た遺産相續なりや

○第四節　相續の受諾及び拋棄

（一）一旦爲したる相續の承諾は之れを改むべからずとの原則に對し例外を爲すべき場合ありや

（二）限定受諾の相續人が曾て被相續人に對して有したる債權は其の相續を受諾したるが爲め消滅するや否

（三）限定受諾の相續を許すことの法理上及び實際上の利害得失如何又我邦に於て此の制を設くるは果して其の當を得たるものなるや

（四）法定家督相續人をして相續の拋棄を爲すことを得せしめざる理由如何

（五）有効なる單純の受諾を爲すには如何なる條件を具備せざるべからざるや

（六）如何なる場合に於ては默示を以て相續の受諾を爲したるものとすべきや

（七）强暴は相續の受諾をして不成立たらしむることなきか

（八）相續人は如何なる場合に於て限定受諾を爲すの權利を失ふや

（九）限定受諾の相續人が相續財産に關して有する權利義務如何

（十）限定受諾者が相續財産を拂盡し計算を完了したる後に現出したる受遺者は辨濟を得たる受遺者に對して求償權を行ふことを得ざるや（民法財産取得篇第三百三十四條參看）
（十一）任意に出でたる相續の拋棄は如何なる條件を具備するときは之れを取消すことを得るか
（十二）相續人が其の債權者を詐害するの意思を以て相續を拋棄したる場合に債權者が廢罷訴權を行ひたるときは如何なる結果を生ずるや
（十三）相續人の曠缺せる場合に於ける管理人の管理權と限定受諾者の管理權との差異ある點を説示すべし
（十四）相續拋棄者が其の拋棄を取消して更に相續を受諾する場合に於ては其の受諾は必ず單純ならざるべからざるや將た限定なることを得るや
（十五）相續人の曠缺せる場合に於て相續財産の管理を命ぜらるべき者は何人なるや

○第十四章　贈與及び遺贈

○第一節　贈與

（一）贈與は如何なる種類の合意なりや
（二）贈與を以て要式の合意と爲したる理由如何
（三）贈與を爲すに付ての能力如何又其の能力の有無は如何なる時に於て之れを定むべきや
（四）贈與は公正證書を以てするにあらざれば成立せずとの規則に對する例外の場合を列擧せよ
（五）一旦貼用して使用したる郵便切手は發信人の所有物なりや將た受信人の所有物なりや若し又書信中に此の切手は追て返却を乞ふと記載しあらば如何
（六）甲者乙者に對して「恩惠として金若干を與ふべし」との契約を爲したるときは乙者は債權として之れを請求するの權利ありや
（七）甲寡婦あり乙丙二人の男子を有せしが乙男より左の證書を得て分家せり

證

今般貴殿御分家相成に付ては貴殿の終身間年々正米百俵づゝ相送り可申上候且つ貴殿御死去相成候後は弟丙へも終身間引續き正米百俵づゝ相送り可申候

爲後日證書如件

年月日　　　　　　　　　　　　　　　乙　　印

甲　　　　　　　　　　　　　　　　樣

然るに甲寡婦は分家後幾もなくして死去せり丙者は此の證書を以て乙者に對し年々百俵づゝの贈與あらんことを請求せり乙者は丙者の請求に應ずべき義務ありや

(八)贈與と遺贈との差異如何

(九)贈與者には如何なる場合に於ても擔保の義務なきや

(十)某大尉將さに千島に航せんとするに際し甲某に謂て曰く余若し端艇を以て此の行を遂げずんば君に對し金壹萬圓を支拂ふべしと甲某曰く諾即ち契約書を作り之れを明確にせり後大尉中途にして端艇を止め滊船に乘り此行を遂げたりと云ふ甲某は大尉に對し壹萬圓を要求するの權ありや否

(十一)將來の財產を以て贈與の目的と爲すことを得ざる理由を說明すべし

(十二)甲者乙者に謂て曰く余今君に壹萬圓の金圓を贈與すべし而して君は余の女の他日婚姻して生むことあるべき子に其の生れたる時より成年に達するまで年

年壹百圓を贈與すべしと乙者之れを諾し乃ち公正證書を以て其の合意を明確にせり

右合意は有効なりや否

（十三）受贈者が贈與者に先ちて死亡したるときは其の贈與を解除すべしとの條件を贈與者の利益に於て要約すると其の相續人又は第三者の利益に於て要約するとは其の効力に如何なる差異ありや又其の差異あるは何故なりや

（十四）贈與者の要約したる條件不履行の爲め贈與を廢罷したるときは受贈者は贈與物の外尙ほ其の贈與の時より生じたる果實をも返還せざるべからざるや否

（十五）夫婦間の贈與は法律を以て之れを禁制するの必要なきや

（十六）夫婦の一方より他の一方に爲したる贈與は如何なる塲合に於て贈與者は之れを廢罷することを得ざるか

（十七）夫婦間の贈與の廢罷は第三者に對して其の効力を及ぼさゝるを以て原則と爲す其の理由如何

（十八）贈與を爲さんとの契約は贈與と同一の規定に據り公正證書を以て爲すことを要するや

(十九) 贈與者が公正證書調製後未だ受贈者の承諾を爲さゞる前に於て喪心したるときは其の贈與は成立せざるや否

(二十) 刑事上の禁治產者は贈與に付ては無能力者なるも遺贈に付て有能力者なり其の區別ある理由如何

○第二節　遺贈

(一) 遺言の性質及び其の效力如何

(二) 無効條件記入の結果に付き贈與と遺贈との間に如何なる差異ありや又其の差異ある理由如何

(三) 法律を以て遺贈を爲すことを得る財產の部分を定めたるは如何なる理由に基きたるや

(四) 賃借權は遺贈することを得るや若し遺贈することを得るとせば其の遺贈を受けたる者の地位如何

(五) 遺贈を爲すに付ての能力如何

(六) 未成年者を以て全然遺贈の無能力者と爲すの可否如何

（七）遺言者及び受遺者の能力の有無は如何なる時に於て之れを定むべきや
（八）遺言は如何なる方式に依りて之れを爲すことを要するや又其の各方式の有効條件如何
（九）法律は何故に指定、選定及び任意の家督相續人をして貯存財産の利益を享けしめざるや（民法財産取得篇第三百八十四條參看）
（十）贈與にして贈與者の死亡後に執行すべきものは遺贈と等しく貯存財産の爲めに減殺せらるゝことありや若し然りとせば此の種の贈與は他の總ての遺贈を減殺するも尙は貯存財産の部分を完全ならしむることを得ざる場合に限り之れを減殺すべきや將た他の總ての遺贈と共に其の價額の割合に應じて減殺すべきや
（十一）包括の遺贈と特定の遺贈とは其の債務の負擔に關して如何なる差異ありや又其の差異ある理由如何
（十二）受遺者は何れの時より遺贈物の果實を收取することを得るか
（十三）甲者が某村に在る不動産は之れを乙者に遺贈すべしとの遺言を爲したる後其の村内に於て新に不動産を買求したるときは其の不動産は乙者を利すべきや否

（十四）封印ある遺言書の執行前に履行すべき手續如何
（十五）遺言の執行及び遺贈物の引渡に關する費用は處分財產の負擔なるか將た貯存財產及び處分財產の負擔なるか
（十六）遺贈の目的が不動產物權なる場合に於て若し受遺者が其の遺贈の執行を受くる前に相續人より善意又は惡意にて其の物權を第三者に讓渡したるときは受遺者は第三者に對して之れが取戻を求むることを得るや否
（十七）遺言執行者と普通の代理人との間に存する差異如何（民法財產取得篇第三百九十八條參看）
（十八）遺言者が一の不動產を甲者に遺贈する旨の遺言書を作りたる後に之れを廢罷する旨の遺言書を作り之れと同時に乙者に其の不動產を遺贈すべしとの遺言書を作り而して更に第二の遺言を以て之れを廢罷したるときは前きに甲者の爲めに爲したる遺贈は其の効力を復するや否
（十九）遺言は如何なる場合に於て其の効力を失ふや
（二十）特別方式によりて作りたる遺言書の證據力如何
（二十一）貯存財產と處分財產との部分を定むるに付き相續財產の價額を査定する

には相續開始の時に於ける價額を以て標準と爲すべきや將た現に相續を爲したる時に於ける價額を以て標準と爲すべきや

(二十二)遺贈者が數人に遺贈を爲すに當り其の中の一人に對する遺言書中に假令他の遺贈は貯存財產の爲めに減殺を蒙ることあるも汝の遺贈は決して減殺せらるゝことなしと記載したるときは其の効力は如何なるべきや

○第三節　包括の贈與又は遺贈に基く不分財產の分割

(一)合意を以て不分財產の分割を爲すことを許さゞる場合及び其の理由を詳述すべし

(二)包括の贈與又は遺贈に基く不分財產の分割は各分割者間に於て所有權移轉の効力を生ずるや將た所有權申告の効力を生ずるや

(三)民法財產篇第三十九條の規定により不分財產の分割を爲さゞることを約したるときと雖も尙ほ且つ有効に合意上の分割を爲すことを得るや

(四)各所有者が分割物の妨碍及び追奪に付き互に擔保の責に任ずるは實際分割の

手續を爲したる日時より以前の原因に基くときなるか將た分割の効力を生じたる日時より以前の原因に基くときなるか

○第十五章　夫婦財産契約

（一）夫婦間に於て假令ひ財産契約の存立せざる場合と雖も夫は婦の婚姻前に負擔したる債務に付き共同して其の辨濟の責に任せざるべからざるや

（二）甲なる寡婦あり乙者を入夫とするの際左の證書を取り丙者を身元引受人に立たしめたり

乙儀今般貴家へ入夫仕候に付ては同人身上より生ずることは小生一切引受け聊か御迷惑相懸け申間敷候爲後日證書仍て如件

乙身元引受人

年月日　　　　丙　　印

甲　　殿

斯くて乙者は甲者の入夫として戸主と爲りたるも元來放蕩無頼にして家産に許多の損害を負はせて幾程もなく死亡せり仍て甲者は乙者の爲めに蒙りたる損害

を丙者に對して要償せんとす丙者は之れに應せざることを得ざるや

(三)夫婦財產契約の成立要素如何

(四)婚姻の儀式後は假令夫婦其の他總ての利害關係人が立會し且つ承諾を爲したるときと雖も其の以前に締結したる夫婦財產契約は之れを變更することを得ざるか若し然りとせば其の理由如何

(五)婚姻を爲すことを得る未成年者が其の婚姻の許諾を與ふべき尊屬親又は後見人の立會なくして財產契約を爲したるときは其の契約は不成立なるや將た無効なるや

(六)夫婦財產契約の存せざる場合に於て入夫は戶主たる婦の承諾を要せずして其の特有財產より生ずる果實を家事の費用外に消費することを得るか

(七)婦又は入夫の特有財產たることを證明するには如何なる證據方法に依ることを得るや

○第四編　債權擔保

○第一章　總則

（一）特別擔保の權を有する債權者も亦共同擔保の權を有するか
（二）債務者の財産は債權者の擔保なりとの原則の意義及び其の理由如何
（三）既に義務の發生したる後債務者が收得したる財産と雖も債權者は之れを差押へ賣却して義務の辨濟に充つることを得るは何故なりや
（四）一般擔保の塲合に於て債權日付の前後は何故に權利の優劣に關係なきや
（五）特別擔保の必要なる所以如何
（六）對人擔保と物上擔保とは其の性質及び効力に於て如何なる區別あるか
（七）一般擔保と特別擔保との區別如何

○第二章　對人擔保

○第一節　保證

○第一款　保證の目的及び性質

（一）合意上、法律上及び裁判上の保證の區別如何
（二）錯誤、强暴の爲めに銷除するを得べき債務と雖も有効に之れを保證することを得べきや

（三）保證人の義務は主たる義務より一層大なることを得ざる者なるに主たる義務より一層嚴なる執行方法に服するも妨げなきは如何なる理由に基くや

（四）主たる債務と異なる事物を目的とする保證の効力如何

（五）保證は如何なる種類の契約に屬するや

（六）保證の有効なるには如何なる條件の具備することを必要とするか

（七）保證は代理の性質を有するも如何なる點に於て眞の代理と異れるや

（八）有資力の確言のみを以て默示の保證を成さゞる理由如何

（九）保證人の義務は主たる義務より一層大なることを得ず又一層重き体様に服することを得ざるに債務者より其の主たる義務の爲めに物上擔保を供せざるとき保證人より其の從たる義務の爲めに物上擔保を供することを得るは何故なるや

（十）有限保證と無限保證との區別及び其の効力の差異如何

（十一）債務者が保證人を供するの義務ある塲合に於て其の保證人たるべき者は如何なる條件を具備すべきものたることを要するや

（十二）甲債權者あり乙債務者の記名拇印ある債權證書を以て之れが債務の辨濟を要求せり然るに乙債務者は嘗て甲債權者より金圓を借用したることなく且つ本

證書の記名は自己の筆跡にあらず尚ほ其の名下に押捺したるものは拇印に係るを以て之れが債務の成立を見認めずと抗辨し裁判所は乃ち此の抗辨を採用したるの結果乙債務者に辨濟の義務なきことを言渡し其の裁判確定したり然るときは假令ひ其の證書に署名捺印したる保證人の存するも甲債權者は之れに對して債務の辨濟を要求することを得ざるや

但甲債權者が保證人に對して債務辨濟の要求を爲すも保證人は主たる債務者にして辨濟の義務なきこととの裁判確定したる以上は之れが從たる保證人に於て辨濟の義務なきは固より當然なれば之れに應じ難しとの抗辯を爲せるものと想像す

（十三）自然義務の保證は有効なりや若し有効なりとせば主たる債務者に對し保證人は求償權を行ふことを得るや

（十四）保證人が主たる債務者の義務と異なる事物を目的と爲したる場合に於て若し其の義務を履行したるときは主たる義務に對して如何なる影響を與ふるや

（十五）左の場合に於て保證人の義務は如何に之れを爲すときは主たる債務者の義務と權衡を保つことを得るか

一、債務者か單一義務を約し保證人が選擇義務を約したるとき
二、債務者が選擇義務を約し保證人が單一義務を約したるとき
(十六) 債務者が合意によりて立てたる保證人の死去したる塲合に於て債權者若くは主たる債務者が其の相續人と爲りたるときは債務者は新に相當なる保證人を立つることを要するか

○第二欵　保證の効力

(一) 數多の保證人中無資力者と爲りたる者あるときは他の保證人は債權者に對し如何に其の義務を履行すべきや
(二) 保證人が債權者に對し撿索の利益を要求するには如何なる條件を要するや
(三) 主たる債務者と連帶したる保證人と普通の連帶債務者との間に如何なる差異あるや
(四) 債務者の不知にて義務を負擔したる保證人と債務者の意に反して義務を負擔したる保證人との間に債務者に對する求償權の範圍に如何なる差異ありや又其の差異ある理由如何

（五）撿索の要求は何故に基本に付ての爭を爲す前に於てすることを要するや
（六）保證人は如何なる塲合に於て求償權を有せざるか
（七）主たる債務者を差措き直に保證人に對し債務の履行を要求し得べき塲合如何
（八）保證人に延期抗辯權を與へたるは何の爲めなるか
（九）甲者あり乙者に對し或る期限を定めて一の債務を負へり然るに其の期限未だ到達せざるに先ち甲者無資力と爲りたるにより乙者は其の保證人丙者を訴追せり此の塲合に於て丙者は期限未到着の理由を以て乙者に對抗することを得るや
（十）保證人が債權者に對して有する權利の大要を說明すべし
（十一）保證人が撿索の利益を拋棄せざるも其の之れを利用することを得ざる塲合ありや
（十二）連帶債務者中の一人を保證したる塲合に於ける保證の效力如何
（十三）主たる債務者が時效の利益を拋棄して之れが追認を爲したるときは保證人の義務に如何なる効果を及ぼすや
（十四）債權者が債務者より抵當に取りたる不動產にして其の義務を履行すべき控訴院の管轄區域外に在るものは保證人に於て撿索要求の爲め之れを指示するこ

とを得ざるや

(十五) 甲者あり乙者より一の債務を負ひ丙丁戊の三人之れが保證人たり然るに甲者は其の辨濟期限を過ぐるも辨濟を爲さゞるにより乙者は丙丁の兩人に對して之れが辨償を要求せり此の場合に於て若し丙丁の兩人其の辨償を爲すに當り乙者が戊者を免責したりしことを知らざるときは丙丁の兩人は戊者に對して求償權を有するや否

(十六) 債權者は保證人を訴追するに當て如何なる義務を盡すことを要し又保證人は債權者に對し如何なる權利を行ふことを得るや

(十七) 保證人が撿索要求の爲めに指示することを得ざる物件如何

(十八) 一個の連帶債務を負擔せる二人の債務者が各一人の保證人を立てたる場合に於て其の中一人の保證人は他の連帶債務者の保證人との間に債務を分別し其の半額に付てにあらざれば辨濟の義務なきことを主張するを得るか

(十九) 二人の保證人中其の一人の爲したる保證が無効となりたるときは他の一人の保證人は分別の利益を享くることを得ざるや如何

(二十) 保證人が主たる債務者を自己の訴訟に參加せしむるに付き如何なる利益あ

りや

（二十一）主たる債務者が自己の無能力若くは承諾の瑕疵に原由する契約取消の権利を抛棄したるときと雖も保證人は尙ほ此の抗辯權を有するや否

（二十二）保證人が債務者に對して擔保訴權を行ふ爲めに必要なる條件如何

（二十三）共同保證人中の一人は債權者の承諾を得て主たる債務の幾分に付き保證し他の保證人は其の全額に付き保證したるときは債權者に對して如何に其の義務を履行すべきや

（二十四）保證人が主たる債務者に對して有する訴權の種類を說明すべし

（二十五）保證人は代位の訴權に因りて如何なるものゝ償還を求むることを得るか

（二十六）保證人が連帶又は不可分債務者中の一人を保證し之れに代位したる塲合に於て他の保證せざりし債務者に對する保證の効力如何

（二十七）共同保證人中の一人が債務の全部を辨濟したる塲合に於て他の保證人中に無資力者を生じたるときは其の辨濟を爲したる保證人は如何にして之れが償還を得へきや理由を詳述して之れに答ふべし

（二十八）保證人が債務者に對して有する擔保附帶の訴權には如何なる目的を包含

するや

(二十九) 共同保證人の一人が他の共同保證人に對して分別求償權を行ふには如何なる條件の具備することを要するや

(三十) 債權者と共同保證人の一人との間に主たる債務に關してありたる判決及び自白の他の共同保證人に及ぼすべき效果如何

(三十一) 甲者の子乙なる者未成年者にして丙者より金千圓を借用し甲者之れが保證人たり然るに丙者之れを以て滿足せず一ヶ月の後尙ほ乙者に抵當を要求し遂に丁者所有の不動產に付き抵當を得たり然れども後に至り丙者は丁者の抵當を拋棄し而して乙者に對して請求を爲したるも乙者は未成年者たりし故を以て義務有効ならざる旨判決確定したり是に於て丙者は更に甲者に對して貸金請求の訴を提起せり

右丙者の請求は相當なるや否

(三十二) 保證人が撿索要求の爲めに指示することを得ざる「爭に係る不動產」とは如何なる意義なりや

(三十三) 連帶債務者の一人を保證したる者は他の連帶債務者の財產を指示して撿

索を要求することを得るか

(三十四) 主たる債務者の爲すべき抗辯に付き債權者と保證人との間にありたる判決は利害共に其の効力を債務者に及ぼすべきや由理を付して之れに答ふべし

(三十五) 委任を受けて義務を約したる保證人か主たる義務に取消し得べきの原由あることを知らずして辨濟を爲したるときは保證人は債務者に對して擔保訴權を行ふことを得ざるや

(三十六) 債務者の不知にて義務を約したる保證人が其の義務を辨濟したるときは債務者に對して元本の利息を請求することを得るか

(三十七) 連帶又は不可分の債務者は不知又は其の意に反して義務を約したる保證人に對して連帶の擔保人たらざるを得ざるや如何

(三十八) 訴訟の起らざる以前に債務者に通知せずして義務を辨濟したる保證人は債務者が債權者に對して排訴抗辯を有するときは之れが賠償を求むることを得ざるや

又右の場合に於て債務者が債權者に對して延期抗辯のみを有したるときは如何なるべきや

（三十九）保證人が債務者に對して未定の損害求償權及び未定の損失擔保請求權を行ふには如何なる條件を具備することを要するや

（四十）前問題の訴權は既に他の必要なる條件を具備する以上は假令債務者が裁判所又は債權者より期限の猶豫を得たるときと雖も之れを行ふに妨なきや

（四十一）甲者あり乙者が丙者より土地を無期限にて借受け地代は月々支拂ふ契約の保證人と爲る而るに乙者は其の地代を支拂はざること二年に及ぶも丙者別に督促を爲さゞるに付き甲者は丙者の乙者に對する督促を怠るが爲め保證義務の日一日と重劇に赴くを以て丙者に係り土地貸借契約を解除するか又は向後保證義務を免除せんことを請求せり右請求の當否如何

（四十二）主たる債務者が詐欺に因て取消し得べき合意を爲し保證人之れを知りて保證を約したる場合に於て後日主たる義務が取消されたるときは保證義務は尙ほ存在するや

（四十三）甲者乙者を强迫して金百圓の債務を約せしめ後更に丙者をして之を保證せしめたるに丙者は其の强暴ありたる事實を知りつゝ任意に之れを保證したり然るに乙者は其の强暴の止みたる後其の義務の銷除を裁判所に訟求し裁判所は

審理の末其の銷除を言渡したり依て甲者は更に丙者に對して其の義務の履行を請求したるに丙者は義務なしと抗辯して應せず問ふ甲丙孰れか理あるや

○第三款　保證の消滅

（一）保證人の義務は時効によりて直接に消滅し得るものなるや否
（二）保證消滅の原因如何
（三）保證契約後に得たる擔保物を債權者が故意又は懈怠に因りて之れを滅じ又は害することあるも保證人は自己の免責を請求することを得ざるか

○第四款　法律上及び裁判上の保證に特別なる規則

（一）裁判上の保證人は何故に財產撿索の利益を有せざるや
（二）法律上及び裁判上の保證の場合に於ては其の債務者に對する擔保の求償に關し其の保證人を以て債務者の代理人と看做すは如何なる理由なるや
（三）裁判上の保證人の引受人は保證人の財產を撿索せしむるの權利を有するか

○第二節　債務者間及び債權者間の連帶

（一）連帶は如何なる點に於て債權を擔保するの性質を備ふるか
（二）連帶と不可分との區別如何

○第一款　債務者間の連帶

（一）債務者の一人の過失により義務を履行すること能はずして損害賠償の責ある場合に於て連帶債務者と任意不可分義務の債務者との間に如何なる差異あるか
（二）連帶債務者の一人に對して訴追したるに其の者無資力なりしときは債權者は他の債務者に係らずして直に擔保物に係ることを得るや
但其の擔保物は第三者の供出したるものなり
（三）連帶債務者の一人が債權者の承諾を受けたる場合に於ては債務者たる名義を隨意に削除することを得るや
（四）不當の利得及び不正の損害は連帶義務發生の原因とならざるか
（五）連帶義務の成立するには如何なる條件を必要とするか
（六）債務者間の連帶は如何なる場合に於て終了するや

(七)全部義務と連帶義務との間に存する差異如何

(八)法律の規定に因り當然連帶の生ずべき場合に於て當事者は合意を以て之れを變更することを得るか

(九)甲乙の兩者あり丙者に對して一個の連合義務を負擔せしが甲者先づ丙者に向て擔保を供せんと欲し自ら進んで連帶を約し乙者の部分をも併せて其の責に當るべしと爲したり然るときは假令乙者は之れを承諾せざるも甲者に付ては連帶なるものありや否

(十)連帶債務者は別異及び不均一の體樣又は負擔を以て責に任ずることを得るや若し然りとせば連帶債務の性質に矛盾するが如し如何

(十一)訴追を受けたる連帶債務者は債權者に對して如何なる抗辯權を有するや

(十二)何等の辨濟もあらざる前に連帶債務者の總員又は其の中の數人が無資力と爲りたるときは債權者は如何なる方法を以て清算に加入することを得べきか

(十三)債務者間の連帶は如何なる點が共同債務者の共通の利益に於て又は債權者の利益に於て相互に代人たらしむるか

(十四)保證と債務者間の連帶との間に存する異同の點を列擧せよ

（十五）甲なる債權者あり乙丙丁三人の連帶金子借用證書を以て右三人に對し出訴す乙者は證書に連借人として記名調印したる覺なしと抗辯し丙丁兩者は乙者と連帶借用したるものなれば三名連帶の義務あることを認むるも乙者を除き二名にて返金するの義務なしと抗辯し裁判所は乙者の抗辯を採用し丙丁二名連帶にて返金すべしと判決したり右判決に對し甲者は服從して控訴を爲さず丙丁兩者は甲者及び乙者を被控訴人と爲し控訴し前の抗辯を再演せり

右丙丁兩者抗辯の當否如何

（十六）確定判決執行に因り辨濟を爲したる金員を既に他の連帶義務者が其の判決以前に返濟したりとの理由を以て取戻を請求し得るや

○第二欵　債權者間の連帶

（一）債權者間の連帶は明示にて之れを定むることを要せざるや

（二）連帶債權者の一人と債務者との間にありたる判決の效果如何

（三）働方連帶は如何なる點に於て債權の擔保と爲るか

（四）働方連帶は法律の規定より生ずることなきや

（五）連帯債權者の一人と債務者との間に爲したる和解は他の債權者に對して如何なる効果を及ぼすや

○第三節　任意の不可分

（一）連帯に附加するに任意の不可分を以てするときは如何なる利益あるか
（二）時効の中斷又は停止の効力に付き任意の不可分と連帯との間に如何なる差異ありや
（三）任意の不可分は如何なる原因によりて消滅するか
（四）任意の不可分を設定したるときは默示にて連帯をも約したるものと推定すとの原則は如何なる理由に基くや
（五）債權者が不可分債務者の一人に對して爲したる付遲滯は他の債務者に其の効力を及ぼすや否
又債權者の一人の爲したる付遲滯は他の債權者を利するや否

○第三章　物上擔保

○第一節　留置權

（一）質權と留置權との差異如何
（二）留置權の成立には如何なる條件を要するや
（三）留置權不可分の原則より生ずる効果如何
（四）留置權の目的不動產なるときは登記を要するや否
（五）留置權の目的物は必ず債權者に於て自ら之れを占有することを要するか
（六）留置權者は如何なる權利を有するや之れを類別して說明を加へよ
（七）留置權消滅の原因を列擧すべし
（八）事務管理者の改良費用は何故に留置權を以て擔保せられざるや
（九）留置權の目的物が果實又は產出物を生ぜざるときは債權者は之れを占有して如何なる利益ありや

○第二節　動產質

（一）動產質と留置權との差異如何
（二）動產質の設定に質取債權者が其の質物を占有することを必要とするは如何な

る理由によれるや

（三）甲者あり乙者の書籍を丙者に引渡して動産質を設定せり而して丙者は乙者の所有品なることを知らずして之れを受取りたり此の場合に於て乙者は丙者に對して書籍の取戻を請求することを得るや否

（四）動産質債權者及び不動産質債權者は共に質物を賃貸するの權利を有するや理由を併せて說明すべし

（五）債務者は法定の期間を經過するに因り義務の免責時效を以て動產質債權者に對抗することを得るや否

（六）質權の不可分と先取特權の不可分との差異如何

（七）轉質とは何ぞや又轉質を許すは質權不可分の原則に反せざるや

（八）動產質、不動產質は之れを契約と云はざるべからざるか將た合意と云はざるべからざるか如何

九）動產質は要物合意なるや否

（十）動產質權の成立要素如何

（十一）質權と抵當權とは其の性質に於て如何なる差異あるや

(十二) 動産質權者は如何なる權利を有するや
(十三) 動産質權者と不動産質權者との權利上に於ける差異如何
(十四) 質入と受戻約欵附の賣買とは如何なる點に於て區別すべきや
(十五) 如何なる動産物は質權の目的と爲すことを得るか
(十六) 動産質を設定するには如何なる方式を要するや
(十七) 法律か動産質權者に轉質を許して賃貸を禁じたる理由如何(民法債權擔保篇第百六條第百七條參看)
(十八) 轉質の塲合に於て質物は第一質權者より第二質權者の手に移付すべきものなるや若し然りとせば第一質權者は第三者に對して質權の效力を及ぼすことを得ざるが如し如何(民法債權擔保篇第百二條參看)
(十九) 質權者が債務の消滅後法定の期間質物を占有するときは取得時效を生ずるや否
(二十) 動産質權消滅の原因如何
(二十一) 債權及び質物を指定せる證書を作らずして質契約を締結したるときは獨り第三者に對するのみならず當事者間に於ても其の契約は無效なりや

（二十二）無体動産を以て質物と爲す場合に證券が記名なると無記名なるとによりて差異ありや若し之れありとせば其の理由如何
（二十三）默示に因れる動産質の設定を許すの可否如何
（二十四）質取債權者は如何なる條件を具備する場合に於ては其の質物を自己の所有と爲すことを得るや
（二十五）法律が流質の合意を禁じたる理由如何

○第三節　不動産質

（一）不動産質は債務の期滿前と期滿後とに因り如何に其の効力を異にするか
（二）田畑を不動產質と爲したるときは如何に其の果實を債權に充當するか
（三）不動產質の場合に於て債權者が目的物たる不動產を占有することを要するは何故なりや
（四）不動產質設定の有效なるには如何なる條件の具備することを要するや
（五）不動產質權者が其の不動產より生ずる果實を收取することを得るは其の果實の純益なるか將た單純の上り高なるか

（六）質權の目的たる不動産の賣却を申立たる者の債務者なると他の債權者なると將た質取債權者なるとにより如何に其の効力を異にするや
（七）不動產質設定者の能力如何
（八）動產質權者は債務者の許諾を受くるにあらざれば質物を賃貸することを得ざるに不動產質權者は債務者の許諾を受けずして質物を賃貸することを得るは何故なるか
（九）質取債權者の負擔すべき義務如何
（十）動產質債權者は債務の滿期前に他より求められたる賣却に對して故障を申立つることを得るに不動產質債權者に此の權利なきは如何なる理由によれるや

○第四節　先取特權

（一）先取特權とは如何なるものを云ふや又其の之れを設くるの必要如何
（二）法律は債權の原因中如何なる種類のものに對して先取特權を附着せしめたるや
（三）先取特權は如何なる物件に對して其の効力を及ぼすものなるか

○第一款　動産及び不動産に係る一般の先取特權

（一）先取特權を以て擔保せらるべき訟事費用たるには如何なる條件の具備することを要するや
（二）民法債權擔保篇第百三十八條に「各債權者の共同の利益に於て」とあるは單に其の行爲の性質に於て有益なれば可なりとの意なるか將た行爲の性質のみならず尙ほ實際の結果に於ても有益ならざるべからずとの意なるか
（三）先取特權の附隨すべき葬式費用たるに必要なる條件如何
（四）最後疾病費用の先取特權を組成すべき元素如何
（五）民法債權擔保篇第百三十九條第二項の所謂「同居親族」とは單に有形的に同居するものゝみに限るべきや將た戸籍上同居のものをも之れに包含するや
（六）雇人給料の先取特權たるには如何なる條件の具備することを要するか
（七）日用品供給の先取特權たるに必要なる條件如何
（八）一般の先取特權を設けたる理由如何
（九）一般の先取特權を有する債權者は其の債權を登記せざるも他の債權者に對抗

して其の特權を主張することを得るや

○第二欵　動產に係る特別の先取特權

(一)建物及び田畑、山林の賃貸人は如何なる債權の爲め如何なる動產物に對して先取特權を有するや又法律が此の特權の附與を單に不動產中の建物及び田畑山林の賃貸人のみに限りたるは何故なるや

(二)宅地を賃貸したる者は土地の賃貸人として先取特權を有するか將た建物の賃貸人として之れを有するか

(三)田畑、山林の賃貸人は其の土地より分離して他人の建物內に存置せられたる收穫物に對しても先取特權を及ぼすことを得べきや

(四)法律は永貸人には先取特權なる物上擔保を與へながら何故に地上權を設定したる所有者には之れを與へざるか

(五)法律は何故に土地建物の賃借人が無資力と爲り又は破產を爲したる場合に於て賃貸人が既に要求の權利を得たる借賃の全部に對して先取特權を行ふことを許さゞるか(民法債權擔保篇第百五十一條參看)

（六）收穫物及び產出物は分果賃貸借の場合を除くの外は假令賃借人の居宅に在るも土地利用の建物內に在るも賃貸人は先取特權の目的と爲すことを得ざるや
（七）種子の種類に依りては今年之れを用ふるも明年に至らざれば果實を生ぜざるものあり斯る場合と雖も種子の供給者は果實に對して先取特權を行ふことを得ざるや（民法債權擔保篇第百五十三條參着）
（八）法律に於て農業の稼人及び工業の職工に付ては先取特權の規定を設けたるも商業の雇人又は職工に付ては之を設けず其の故如何
（九）動產物の賣主に先取特權を付與するの必要如何
（十）民法債權擔保篇第百三十八條の訟事費用と第百五十五條中の訟事費用とは如何なる點に於て區別すべきか
（十一）甲者あり乙者より一個の動產物を買受け未た之れが代價を辨濟せずして丙者に讓渡し而して丙者は其の引渡を受けざるに先ち甲者は家資分散の宣告を受けたり
右の場合に於て乙者は其の動產物に付き先取特權を主張することを得るや
（十二）動產物の買主が其の物の上に質權を設定したるとき賣主の先取特權は之れ

が爲めに消滅するや否

（十三）動產物の賣主が賣却物に付き先取特權を行ふことを得るは單に其の物件が引渡の時と同一の形狀にて存在する場合のみに限るべきや

（十四）用方又は合体に因り不動產と爲りたる動產物に付き賣主が先取特權を行ふには如何なる條件を要するや

（十五）料理店の主人は旅客に供せし酒食料の爲め其の旅客の携帶したる手荷物に付き先取特權を有せざるか

（十六）建物賃貸人の先取特權は如何なる理由に基きて設定せられたるか

（十七）建物賃借人の建物內に備へたる動產物は賃借人の所有に屬せざれば先取特權に服せざるや若し然らずとせば其の理由如何

（十八）田畑、山林の賃貸人の先取特權は賃借人が賃借場所外に建設したる邸宅內の動產物に其の効力を及ぼすや否

（十九）民法債權擔保篇第百五十二條の場合に於て他の債權者が賃借權の轉貸又は讓渡を爲すは賃借人の代理人として之れを行ふものなりや否

（二十）動產に係る先取特權の種類を列擧し併せて其の之れを設けたる理由を詳述

すべし
（二十一）動産物を改良したる費用は先取特權を以て擔保せられざるや
（二十二）動產物の交換には先取特權を附與せざるや
（二十三）動產物の買主が未だ其の代價を辨濟せざる中に其の物を第三者に讓渡したるときは賣主は先取特權を以て之を追及することを得るや
（二十四）旅店主人の先取特權は旅客の所有に屬する物の上のみに存するや將た他人の所有に屬するも旅客か旅舍に携帶したる手荷物なるときは尙ほ其の物の上にも存するや
（二十五）運送營業人の先取特權は運送物の引渡後と雖も尙ほ存續するものなりや
（二十六）保證金の貸主が保證金に付き先取特權を行ふには如何なる制限に服せざるべからざるか

○第三款　不動產に係る特別の先取特權

（一）工匠、技師若くは工事請負人は如何なる物の上に先取特權を有するか
（二）不動產に係る特別の先取特權は如何なる原因によりて生ずるや

（三）工事負請人が工匠に賃銀を辨濟せざるときは工匠は所有者に對して先取特權を以て自己の債權を擔保せしむることを得るや

（四）甲者あり一の不動産を乙者に讓渡し未だ其の代金を受取らざるのみならず又之れが登記をも爲さゞりし然るに讓受人たる乙者は更に之れを丙者に讓渡し丙者は既に其の事實を登記したりとせんか此の塲合に於て甲者の先取特權は丙者に對して其の効力を及ぼすことを得ざるや

（五）共同分割者は如何なる債權の爲め如何なる不動産に付き先取特權を有するか

（六）工匠、技師及び工事請負人の先取特權を成立せしむるには如何なる條件の具備することを要するや

（七）他人の土地に家屋を建築せしめたるとき其の工事者の先取特權を有する增價とは如何なるものを云ふか

（八）不動産讓渡人の先取特權に必要なる條件如何

（九）金錢の貸主は如何なる債權の爲めに先取特權を有するや

（十）工事者が民法債權擔保篇第百七十五條に定めたる第一第二の調書を第百八十三條の期間内に登記したるときは如何なる効力を生ずるや

（十一）受戻約欵を以て不動産を賣却したる賣主が受戻を爲すも未だ其の賣却代價を買主に返還せざるときは買主は其の代價を辨濟せしむるに付き賣主に對して其の不動産上に先取特權を行ふことを得るや否

（十二）不動産交換の場合に於て其の補足額が讓渡したる物の價額の半を超へざるときと雖も尙は先取特權を以て擔保せらるゝや

（十三）工事を施して增價したる土地又は家屋が意外の情況によりて更に新なる增價を生じたるときは工事者の先取特權は尙は其の增價の上にも存するや

（十四）一家屋あり二千圓の價額を有す所有者工匠をして修繕を加へしめ其の價額增して三千圓と爲りしに偶〻意外の變事に遭逢し其の價額減じて再び二千圓と爲れり此の場合に於て工匠の先取特權は如何なるべきや

（十五）先取特權の變性したる法律上の抵當債權者は同一不動産に付き債務者の權利に基き物上擔保を得たる債權者に對抗することを得るや

（十六）先取特權を有する者が追及權を行ふには如何なる條件を要するや

○第五節　抵當

○第一款　抵當の性質及び目的

（一）抵當權と先取特權との區別如何
（二）抵當は動産權なるや將た不動産權なるや
（三）抵當權成立の要素如何
（四）抵當不可分とは如何なる意義なりや
（五）法律が動産上に抵當を設定することを許さゞる理由如何
（六）抵當の目的と爲すことを得べき不動産の種類を列擧し併せて法律が之れを制限したるの理由を說明すべし
（七）甲者乙者より一千圓の負債を爲し丙者と共有する一千圓の價格ある不動産を以て其の抵當と爲したり然るに其の後甲丙間の分割に因りて其の不動産の全部は甲者の所有に皈したり此の塲合に於て乙者の有する抵當は其の不動産の全部に及ぶべきものなりや否
（八）虛有權の上に抵當を設定したる債務者が後日虛有者と用益者との兩資格を併有し混同によりて用益權を消滅せしめたるときは其の抵當の効力如何
（九）要役地の所有者は要役地のみを抵當と爲し地役は之れを抵當と爲さゞることと

を得るか

(十)抵當債務者が法定の期間抵當不動産を賃貸し其の期間に相當する借賃の先拂を受取りたるときは其の借賃の先拂は抵當債權者に對して効力ありや否

(十一)完全所有權を有する者は何故に其の虚有權又は用益權のみを分離して抵當を設定することを得ざるや

(十二)土地及び家屋の所有者は其の土地と家屋とを分離して抵當を設定することを得るか

(十三)民法財産篇第十條第二號及び第三號に掲げたる不動産債權を抵當と爲すことを得ざる理由如何

(十四)抵當權は債務者の費用によりて生じたる抵當物の增加又は改良に及ぶべきものなりや若し然りとせば其の增加又は改良の爲め如何に債務者の資産を減少することあるも一般債權者は之れが不利益を受けざるべからざるや

(十五)甲乙相隣接せる二筆の土地を所有する者が其の甲筆の土地に付き抵當權を設定し後之れを合体して一筆と爲したるときは其の抵當權は當然乙筆の土地にも及ぶべきや否

（十六）抵當不動産の減少、滅失及び毀損の損害は何人に於て之れを負擔すべきや
（十七）抵當權は之れを抵當と爲すことを得ざるや否

○第二款　抵當の種類

（一）法律上、合意上及び遺言上の抵當は其の設定の條件に於て如何なる差異ありや
（二）法律上の抵當は後見人が後見の任務に就かざる以前より未成年者に對して負ふたる債務の辨濟を擔保するや否
（三）合意上の抵當に關する證書は證據の爲めに必要なるや又は成立の爲めに必要なるや
（四）禁治産を受けざる瘋癲者は假管理人に對して法律上の抵當を有するや
（五）法律上の抵當は國民の爲め其の國の法律が與へたる國民特有の權利なるか將た外國人にも與ふべき人類自然の權利なるか若し外國人にも與ふべき權利なりとせば其の外國人たる幼者及び婦の法律上の抵當に付ては日本の法律に據るべきや將た其の自國の法律に據るべきや
（六）先取特權の變性したる抵當と他の法律上の抵當とは如何なる點に於て異れる

や

（七）抵當の豫約は有効なりや否若し之れを有効なりとせば如何なる點に於て抵當の設定と異れるや

（八）合意上の抵當は如何なる條件を具備して成立するや

（九）代理人が抵當を設定するに方り委任の要旨を抵當の設定證書に記載せざりし場合に於て委任者は特に其の代理人を以て設定する旨を記したる證書を作りて之れを追認することを得ざるか

（十）本邦人が抵當の設定に付き何等の證書をも要せざる外國に在て本邦所在の不動産に付き抵當を設定する場合に於ては別に公正證書又は私署證書を以て之れを設定せざるも其の抵當は有効なりや（民法債權擔保篇第二百六條參着）

（十一）抵當の設定證書に記載すべき要件如何

（十二）抵當の設定證書に記載すべき要件を缺漏したる場合に於て後日別に證書を作りて之れが缺漏を補正したるときは如何なる効力ありや

（十三）將來の債務の爲め抵當を設定するときは其の抵當は有効なるか將た無効なるか

(十四) 他人の不動産を抵當と爲したる塲合に於て其の抵當の無効を援用することを得るものは何人なるや

(十五) 他人の不動産を抵當と爲したる債務者が後日所有者の相續人と爲りたるときは其の抵當は有効なるべきや如何

(十六) 抵當設定者は如何なる能力を要するや

(十七) 抵當債權者が民法債權擔保篇第二百九條第二項の塲合に於て償金に付き權利を行ふことを得るは其の抵當と爲りたる物權の期間内に限るべきや

(十八) 自己の債務の擔保の爲め遺言を以て抵當を設定することを得ざるは何故なるや

(十九) 我民法が裁判上の抵當を認めざる理由如何

(二十) 第三者が抵當を供するには如何なる能力を要するか

(二十一) 甲者は乙者の所有地を自己の所有地として登記を受けたるに事發覺し速に名義引直すべき旨の詫證を入れて僅に告訴の難を免れたり而して間もなく甲者は右地所を丙者へ抵當に差入れたるに付き眞正の所有者たる乙者は抵當登記取消を丙者に訴求したるに丙者は善意及び登記の効力を事由として抗辨せり原

被何れが直者なるや
(二十二) 戸主たる既婚婦が夫の許可を得ずして設定したる抵當は有効なるや否

○第三款　抵當の公示

(一) 法律上の抵當は特定指示及び公示の原則に從ふことを要せざるや否
(二) 抵當の登記は何人より之れを請求すべきものなるか
(三) 債務者が抵當の登記以前に於て其の抵當と爲したる不動産を他人に讓渡し之れが登記を了したるときは債權者は如何なる場合と雖も其の不動産に付き抵當の登記を爲すことを得ざるや
(四) 登記請求者が抵當の成立を證すべき證書を差出さゞるときは登記官は其の登記を拒むの權利あるや
(五) 元本の金額を登記したるときは其の効力は當然利息にも及ぶべきや
(六) 法律の命ずる事項を登錄せざる登記は總て無効に屬するや否
(七) 抵當は設定後債務者が無資力と爲りたるときは有効に登記することを得ざるや若し然りとせば其の理由如何

（八）抵當の公示を爲すときは如何なる効力を生ずるや

（九）債權の時効と登記の効力を失する期間とは如何なる關係ありや

（十）登記の効力の存在する期間内に債務者が無資力者と爲りたるときは其の登記を更新することを得ざるや若し然らずとせば其の理由如何（民法債權擔保篇第二百十四條參看）

（十一）裁判に因れる登記の抹消又は減少は再審の訴に係る間は之れを爲すことを得ざるか

（十二　抵當債權者が裁判上にて抵當の登記を抹消せられたる後更に裁判上にて其の抹消を銷除し之れが登記を爲したるときは第三者に對して如何なる効力ありや理由を詳述して之れに答ふべし

（十三）一個の不動産に付き抵當權を有する數多の債權者が同時に登記を求めたるときは何れを先にし何れを後にすべきや

○第四款　債權者間の抵當の効力及び順位

（一）債權者が數個の不動産に付き抵當權を有し其の各個の代價が同時又は漸次に

清算ありし時は如何なる分配方法に據りて辨濟を受くべきや

(二)後の抵當債權者が前の抵當債權者の未だ登記を爲さざることを奇貨として登記を爲したるときは前後何れの債權者が優先權を有するや

(三)抵當の登記と不動產所有權の移轉に關する登記とは其効力に於て如何なる差異ありや

(四)甲者あり乙者が丙者の所有地に建設したる家屋を抵當に取りて之れに金員を貸與したるに其の後乙者が地代の延滯したるより丙者は地所明渡の訴を提起し其の裁判確定の後强制執行に依りて家屋の取毀ちに着手したり斯る場合に於て甲者は之れが爲め自己の抵當權の消滅を來すことあるを理由とし其の家屋の取毀ちを拒むの權利ありや

(五)債權者は債務者より書入れたる抵當物を差置き債務者の他の財產に對して執行を爲し得るや否

但抵當物は債權全額を擔保するに足る場合を想像す

(六)甲者其の所有家屋を抵當として金一千圓を借用して正式なる登記を經及び公證人の公證を受置きたり此の登記を經る以前より甲者は右家屋を火災保險せし

め保險會社より金千圓の保證證を受け居りたりしが抵當契約後に於て此の保證證を丙者に引渡し擔保として金千圓を借用し若し火災に罹りたるときは受取るべき保證金を以て返濟すべき旨の公證契約を結びたり又丁者は甲者の火災保險料の支拂資金として金五百圓及び右家屋敷地の賃貸料滯として金五百圓を貸し居りて既に返濟期限を經過せり乙者は甲者に對し貸金督促の訴訟提起中抵當家屋火災に係りたるを以て火災保險金に先取權ありと主張し丙者は契約に依り先取權ありと主張し丁者も亦先取權ありと主張す以上三名が保險金千圓に對する權利如何

（七）第一抵當債權者は債權の外訴訟費用をも抵當物公賣金額より引去るの權利ありや

○第五欵　第三所持者に對する抵當の効力

（一）抵當不動產の第三所持者が抵當債權者より義務辨濟の請求を受けたる場合に於ける權利義務如何

（二）抵當債權者が追及權を行ふに付ての要件及び其の効力如何

（三）一個の債務の抵當と爲れる數個の不動產が各別に數人の第三所持者の手に皈したる場合に於て其の中の一人が抵當債權者に對して債務を辨濟したるときは其の第三所持者は他の第三所持者に對して如何なる權利を有するや

（四）抵當債權者が抵當の外尙ほ保證人を有したる場合に於て第三所持者が其の債務を辨濟したるときは保證人に對しても代位することを得るや否

（五）甲者あり乙者より一の不動產を買得したるに其の不動產の上に抵當權を有する丙丁戊三人の債權者ありて丙者は其の首位を占め丁者は之れに次ぎ戊者は又之れに次ぐ然るに甲者は其の後右三人より債務の辨濟を要求せらるゝに當り單に丙者にのみ辨濟して其の他の二人には之れを辨濟せざるより竟に二人の爲めに其の所有權を徵收して競賣に付せられたり

右の場合に於て丁戊の二人は丙者を其の順位中より除き丁者は第一位と爲り戊者は第二位と爲りて該不動產賣却代價の上に優先權を行ふことを得るや否

（六）滌除とは如何なることを云ふや

（七）抵當物件の所持者にして滌除を行ふことを得ざる者ありや

（八）主たる契約又は從たる契約に關與せざる第三所持者は如何なる場合と雖も滌

除を行ふことを得るか
（九）第三所持者が滌除を爲さんと欲せば先づ其の準備として取得の登記を爲すことを要す而して此の登記は如何なる利益ありて之れを爲すものなりや
（十）法律は何故に債權が期限の滿不滿、條件の成不成とに關らず第三所持者をして滌除を爲すことを得せしむるや（民法債權擔保篇第二百六十二條第三號參看）
（十一）抵當債權者が第三所持者に對して增加競賣を要求するには如何なる條件を必要とするや又其の要求が悉く有效條件を備ふるときは如何なる結果を生ずるや
（十二）抵當債權者が增加競賣を要求すべき期間を徒過したる後に於て第三所持者が取得代價を詐りたることを發見したるときは如何にして之れが救濟を求むべきや
（十三）第三所持者が抵當債權者に對して財產撿索の要求を爲すには如何なる條件の具備することを要するや
（十四）前問題の撿索要求の抗辯は如何なる點に於て保證人の場合と異れるや又其の異れる理由如何
（十五）委棄とは何ぞ又委棄より生ずる効果如何

（十六）如何なる第三所持者は委棄を爲すことを得ざるか併せて其の理由を問ふ
（十七）他人の債務の爲め自己の財產を抵當と爲したる者は滌除を爲すの權利なきも委棄を爲すの權利あり右は如何なる理由に基くや
（十八）第三所持者が抵當不動產の競落人と爲りたる場合と外人の利益に於て競落の宣告ありたる場合とは其の第三所持者が讓渡人に對して有する擔保の求償權に付き如何なる差異ありや
（十九）甲者あり乙者の地所を借受け之れを抵當として丙者より金員を借用せり然るに乙者は都合に依り其の地所を丁者に賣却し登記の手續を了せり其の後甲者債務を果さゞるにより丙者より其の地所を公賣に付せんとす此の場合に於て丁者は其の公賣を拒む權利ありや若し之れありとせば丙者債權の結果如何
（二十）甲者あり乙者の所有家屋の上に有する用益權を以て丙債權者の爲めに抵當と爲し而して甲者が抵當設定の後に至り用益權を拋棄したるときは丙者の有する抵當は乙者に對して有効なりや否

○第六欵　登記官吏の責任

(一)登記官吏の過失に因りて第三所持者に交付したる登記の認證書中に抵當登記の脱漏ありたるときは第三所持者及び抵當債權者に對して如何なる効果を及ばすや

(二)前問題の場合に於て其の脱漏せられたる抵當債權者は第三所持者及び登記官吏に對して如何なる權利を有するや

○第七欵　抵當の消滅

(一)抵當消滅の原因を列擧せよ

(二)用益者が用益權を抛棄し又は虚有者に之れを賣却したるときは其の抛棄又は賣却前に設定したる抵當は消滅に歸するものなるや

(三)先取特權又は抵當の負擔ある物件を第三者の方にて滅失したるときは其の先取特權又は抵當は自ら消滅するや

(四)抵當債權者が代物辨濟によりて受領したる物件を他人より追奪せられたるときは抵當は債權と共に再生すべきや

(五)眞の所有者より取得したる第三所持者が時効によりて抵當權の免除を得るに

は如何なる條件の具備することを要するか

（六）甲者ありて乙者に對し乙者の所有練瓦家屋を抵當に取り登記を經て金千圓を貸與せり

該家屋は火災の爲めに全燒せり

乙者は燒殘りの煉瓦を其の儘公賣に付し丙者は抵當の登記あることを知りて競落買取せり

甲者は丙者の買取りたる煉瓦に對し其の先取權を主張することを得るや

（七）甲者あり乙者の所有地を借受け之れに建築したる煉瓦家屋を丙者に抵當と爲し其の登記を經たり然るに其の後右家屋は火災に罹り燒失して僅に煉瓦の四壁を殘存するのみ乙者は淹滯代金請求の訴訟を起し强制執行の方法に依り殘存の四壁を競賣に付し代金を請取らんとする時丙者は此の代金に對し先取權を主張せり乙丙兩者の曲直如何

○第五編　證據

○第一章　證據

（一）如何なる場合に於て無的の事實を證することあるや
（二）證明の責任及び其の効果を說明すべし
（三）反對の事實と効力滅却の事實との區別如何
（四）證據を民事と刑事とに區別するに付き如何なる必要便益あるや
（五）證據法は之れを主法と見做すべきや將た助法と見做すべきや
（六）將來に於て提起すべき本訴の價額五十圓を超過するときは人證保存の請求を為すことを得ざるや
（七）法律は訴訟の提起前に於て自白の保存を請求することを許さゞるか
（八）民法證據篇第三條の規定によりて提起したる訴訟の費用は何人に於て之れを負擔すべきものなりや

○第一節　判事の考覈

（一）判事の考覈とは何ぞ又判事の考覈は如何なる場合に於て生ずるか
（二）法律の精神を討究するの方法如何
（三）民法證據編第九條に「條理と公道との普通原則に依りて之れを補充し」とあるは

如何なる意義なるや
（四）判事が臨撿を爲し得る場合を列擧すべし
（五）鑑定證據と證人證據との間に存する差異如何

○第二節　直接證據

○第一欵　私書

（一）私書にして其の對抗を受くる當事者の之れに署名し又は捺印したる者は如何なる證據力を有するや
（二）私署證書の證據力如何
（三）直接證據と間接證據との區別及び其の證據力に付き如何なる差異ありや
（四）證書中の印章と押捺とを區別して印章は之れを追認し押捺は之れを否認することを得べきや
（五）私署證書を以て契約を爲す場合に於て雙務契約と片務契約とに付き如何なる差異あるや
（六）追認せられたる私署證書は公正證書と同一の證據力を有するや若し有するも

のとせば其の間何等の差異もあらざるが

(七)私署證書に具備すべき要件如何

(八)印章否認の方法如何

(九)捺印白紙の濫用の申立と署名印章の僞造の申立との間に如何なる差別ありて存するや又其の差別あるは何故なるや

(十)私署證書に加署し又は加印せし證人を證書の驗眞に召喚するの利益如何

(十一)片務契約を證する私署證書にして其の要件を具備せざる左の場合に於ては如何なる證據力を有するや

一、債務者が證書の本文を書せず且つ其の署名及び捺印共に之れなきとき

二、債務者に於て證書の本文を自書したるも其の署名及び捺印の欠缺したるとき

三、債務者が證書の本文を自書せざるも其の署名若くは捺印したる證書にして單に金額若くは數量の文字に捺印なきとき

(十二)元金千圓の借用證書を調製するに當り借主が證書の本文を自書せず且つ千圓の文字に捺印せざりしも後其元金の內百圓と其の之れに相當する利子とを辨濟したるときは借主は最早殘額の九百圓に付き證書の不完全を申立つることを

得ざるや
（十三）私署證書の證據力は如何なる場合に於て停止せらるべきか
（十四）商人の帳簿と非商人の帳簿とは其證據力に於て如何なる差異あるや
（十五）商業帳簿又は私署證書の記載を抹殺したるときは其の諸據力を失ふや否（民法證據篇第三十一條參看）
（十六）被告が異議を留めずして私署證書の署名又は印章を追認したる後第三者が其の追認ありたることを知り最早該證書は正確のものなりと信じ善意を以て其の證書に付き約定を爲したるときは被告は此の第三者に對し署名又は印章の僞造若くは捺印白紙の濫用を以て該證書の無効を主張することを得さるや
（十七）雙務契約を證する私署證書の有効なるには如何なる條件の具備することを要するや
（十八）私署證書に加署し又は加印したる證人が手跡驗眞の召喚に應ぜざるときの制裁如何
（十九）民法證據篇第二十九條に於ける債權者の書面は其の自筆たることを必要とするや否

○第二款　口頭自白

(一)自白不可分とは如何なる意義なるや
(二)自由を爲すことを得べき人及び自白を爲すことを得べき事實如何
(三)自白は法律の錯誤の爲め取消すことを得ざる理由如何
(四)裁判上の自白と裁判外の自白とは其の効力に於て如何なる差異ありや
(五)口頭自白を組成すべき要件如何
(六)裁判上自白の種類及び其の異同を說明すべし
(七)原告若くは被告が裁判上の自白を爲したる後に至り原告に於て其の訴訟を取下げたるときは自白は尙ほ効力を存するや否
(八)裁判外の自白を有効に言消したるときは如何なる効果を生すべきや
(九)裁判外の自白の有効なるには如何なる條件を具備することを必要とするか
(十)私署證書たる効力を有する書狀と裁判外の自白たる効力を有する書狀とを區別する標準如何

○第三款　公正證書

(一)公正證書と私署證書との區別如何
(二)公正證書の原本は何人の所有に屬するや
(三)公正證書は公吏が當事者より證することを託せられたる事實に付ての證言なりとは證據編第四十六條の明言する所なり然らば證人の證言とは何れの點に於て差異ありや
(四)證書の公正たるには如何なる條件を要するか
(五)公正證書の記載事項中何れの部分が完全なる證據力を有するや
(六)公正證書たるに必要なる條件を具備せざる證書の効力如何
(七)公正證書は僞造の申立ありたるとき直に其の證據力を停止するものなるか將た私署證書の如く刑事裁判所に被告の送致ありたるときに至り始めて之れを停止するものなるか

○第四款　反對證書

(一)反對證書の性質及び其の効力如何
(二)反對證書が其の性質を脱却する場合及び其の効果を説明すべし

(三)船舶に關する反對證書にして或は登記に因り或は其の附記に因りて公に爲されたるときは不動産權利に關する塲合と等しく其の反對證書は通常證書の効力を取得すべや否

○第五欵　追認證書

(一)追認證書は如何なる効用を爲すものなるや
(二)追認證書は如何なる塲合に於て原證書に代はるべきや
(三)追認證書は或る塲合を除くの外原告をして原證書を差出の義務を免れしめざる理由如何
(四)追認證書を以て追認したる原證書は其の署名者なりと主張せられたる者が更に其の手跡若くは署名、印章を追認するを要せずして完全なる證據力を有するや但本問の追認證書及び原證書は共に私署證書なり

○第六欵　證書の謄本

(一)證書の謄本は如何なる塲合に於て正本と同一の證據力を有するや

（二）證書の謄本の證據力如何
（三）證書の謄本の復寫は如何なる證據力を有するや
（四）民法證據篇第六十九條の場合に於ても單純なる參考書を以て證據立を爲すことを得べきや（民法證據篇第五十九條第一項參看）

○第七款　證人の陳述

（一）如何なる場合に於ては爭の價額に拘はらず人證を許すべきや
（二）人證に制限を設けたる理由如何
（三）價額五十圓を超過せざるも尙ほ人證を許さゞる場合ありや
（四）爭の價額は何れの時に於て之れを定むべきや
（五）書面に因る證據端緒たるには如何なる條件を具備せざるべからざるか
（六）主張したる事柄のありし當時利害關係人が證書を得る能はざりしときとは如何なる場合を云ふや例を擧げて之れを說明すべし
（七）眞價五十五圓の物件を四十五圓にて賣却したるときは其の賣買は證書を以て證明せざるべからざるや

（八）人證制限の規定を會社契約に適用するには會社の資本總額に依るべきや將た各社員の出資額に依るべきや但しは又一社員の權利の最高價額に依るべきや

○第八欵　世評

（一）世評と人證との差異如何
（二）世評は如何なる場合に於て之れを用ふることを得るや

○第三節　間接證據

（一）推定とは如何なることを云ふや
（二）推定と他の證據との間に如何なる差異ありや
（三）推定の種類及び其の區別如何

○第一欵　法律上の推定

（一）確定裁判の効力を以て請求に對抗するには如何なる條件を要するや
（二）既判力は何人に對抗することを得るや

(三)法律上の推定に對しては事實の眞相に反するの證據を擧げて之れを破却する
　ことを得ざるや
(四)既判力の性質及び其の之れを設けたる理由如何
(五)既判力は未だ確定せざる判決に付ても尙ほ存するや否
(六)既判力は如何なる種類の裁判に適用せらるべきや
(七)判決文中既判力の及ぶべき部分如何
(八)確定裁判に基き新請求又は新答辯を排斥するには原告若くは被告の一方より
　之れを申立つることを要するや將た其の申立なきも裁判所の職權を以て之れを
　爲すことを得べきや
(九)既判力は被告人が排訴の方法として之れを使用するに限れるや否
(十)新舊爭の目的の同一なると否とは如何なる標準に依りて之れを識別すべきや
(十一)初め或る土地に所有權あることを主張し之れに敗訴したる後更に其の土地
　に用益權を有せりとして訴を起すことを得るや
(十二)甲者乙者に對して或る森林の一分に付き特に所有權あることを主張して敗
　を取りたる後該森林の全部に付き所有權を有せりとして新訴を提起したり此の

場合に於て乙者は前判決の既判力を以て甲者に對抗することを得べきや

（十三）新舊爭訟の原因は如何なる場合に於て同一なりとすべきか

（十四）訴訟の原因と訴訟の方法との區別如何

（十五）如何なる場合に於て新舊訴訟人の資格は同一なるべきや

（十六）刑事裁判の既判力は民事裁判に如何なる影響を及ぼすべきや

（十七）刑事裁判の既判力は利害關係人より之れを申立つべきや否

（十八）公益に關する完全なる推定と私益に關する完全なる推定とは其の効力に於て差異なきや否

（十九）法律上の推定に付き其の完全なるものと輕易なるものとは如何して之れを識別すべきや

（二十）乙丙の兩債務者より甲債權者に宛て差入れたる金錢借用證書は乙者が丙者の印形を盜用して僞造したるものなりと刑事裁判所に自首し刑事裁判所は乙者の自首に基き乙者か丙者の印形を盜用して乙丙連名の借用證書を僞造し之れを甲者に差入甲者より金圓を騙取せりとの判決を爲し裁判確定せり

甲者は乙者の被告事件に關し證人として召喚を受け證書授受の始末を訊問せら

る丶に際し乙丙兩人の承諾上受取りたる證書にして僞造にあらずと申立たり
甲者は右刑事判決確定の後乙丙兩人に對し該借用證書を以て貸金催促の訴訟を提起す
丙者は右借用證書は乙者の僞造せるものなることを刑事判決に於て確定せる上は辨濟の義務なしと抗辯す
右訴訟の勝敗如何

○第二欵　事實の推定

（一）事實の推定は如何なる點に於て法律上の推定と異なるや
（二）裁判官は如何なる場合に於て事實の推定を爲すことを得べきや
（三）事實の推定と判事の考覈との區別如何

○第二章　時効

○第一節　時効の性質及び適用

（一）時効は其の性質に於て果して法律上の推定なるべきや否

（二）時効は如何なる時より其の効力を發生すべきか
（三）或る訴權行使の爲め法律に定めたる期間は法律上の推定なるや將た失權の不變期間なるや又之れを法律上の推定と爲すと失權の不變期間と爲すとに付き如何なる區別ありや
（四）法律上の權能は何故に時効に罹らざるか
（五）時効は必ず其の利益を受くる者の援用するを要し裁判官の職權を以て之を補足することを許さゞるは何故なるや
（六）時効は訴訟中如何なる時に至るまで有効に之れを援用することを得べきや
（七）時効を以て取得又は免責の直接方法と爲すと其の之れを證據方法と爲すとに付き如何なる差異ありや
（八）人權は時効に因りて取得することを能はざるか
（九）時効を援用するに利益を有する總ての承繼人は假令當事者が時効を拋棄せしときと雖も尙ほ之れを援用することを得るや
（十）主たる債務者が時効を拋棄したるときは保證人は之れを援用することを得ざるか

（十一）第一審に於て眞に義務あることを追認したる者が他に不服の點ありて控訴を爲し茲に始めて時効の成就せしことを知りたるときは之れを援用することを得べきや否

○第二節　時効の拋棄

（一）時効は豫め之れを拋棄することを得ざる理由如何
（二）進行中の時効は之れを拋棄することを得るや若し然りとせば其の効果如何
（三）如何なる場合に於て默示を以て時効を拋棄したるものと見認むべきや
（四）時効を有効に拋棄するには如何なる能力を必要とするや併せて其の理由を問ふ
（五）後見人は未成年者又は禁治產者の爲めに成就せし時効を拋棄し得るや否

○第三節　時効の中斷

（一）時効中斷は如何なる場合に於て不成立と見做さるべきや
（二）時効中斷の場合如何

（三）義務履行の催告より生ずる時効の中斷には如何なる條件を必要とするや
（四）時効の中斷に自然と法定との別あり此の二者の差異如何
（五）時効の中斷と停止との差異如何
（六）甲者乙者に對して金若干圓を貸與したるに其の後乙者は隱居し其の子丙者に家督を讓れり然るに乙者返濟期限に至るも返濟せず且つ時効の期間も旬日にして盡くるを以て甲者は乙者に返金を促すこと甚だ急なり是に於て乙者は日延書を差入れ三ヶ月の猶豫を乞ひ六ヶ月を經て死亡せり此の場合に於て甲者は丙者に對して請求權ありや
（七）時効中斷の原因たる默示の追認は如何なる場合に於て成るべきや
（八）追認前の時効と追認後の時効とは其の効果に於て如何なる差異を生ずるか
（九）時効を中斷する追認を爲すには如何なる能力又は權力を要するや併せて其の理由を說明すべし
（十）裁判上の請求が方式に於て無効たるとき又は管轄違の裁判所に之れを爲したるときと雖も尙は時効中斷の効力を失はざる理由如何
（十一）勸解を要せざる事件に付き原告が直に之れを出訴せずして勸解に召喚した

るときは其の召喚は時効中斷の効なきや否

又勸解を經ることを要する事件を原告が直に出訴したるときは其の出訴は時効中斷の効ありや否

(十二)任意の追認と自白とは其の性質及び効力に於て異る所なきや

○第四節　時効の停止

(一)時効の進行は如何なる原因によりて停止せらるべききや

(二)婚姻中配偶者の一人より他の一人に對して行ふべき權利に付き時効の進行を許すの可否如何

(三)未成年者及び禁治產者に對する短期の時効に付ては何故に其の無能力の間之れが進行を停止せざるや(民法證據篇第百三十一條參看)

○第五節　不動產の取得時効

(一)不動產に關する取得時効の性質及び條件を說明すべし

(二)不動產の取得時効と動產の取得時効との間に存する差異如何

（三）十五ヶ年の時効に因りて不動産の所有權を取得するには如何なる條件の具備することを要するや

○第六節　動產の取得時效

（一）即時時效を援用するには如何なる條件を要するや
（二）有體動產に付き即時時效を設くるの必要如何
（三）盜品及び遺失品に付ては何故に即時時效の規定を適用することを得ざるや
（四）背信又は詐欺に因りて得たる物件を第三者が正權原且つ善意を以て占有するときは何故に所有者は之れに對して回復を求むることを得ざるか
（五）用方に因る不動產、用方に因る動產、記名債權及び包括動產に關しては如何なる時效を適用すべきや併て其の理由を問ふ
（六）動產に關する取得時效の規定を記名債權に適用するの當否如何

○第七節　免責時效

（一）甲者乙者より借受けたる二千圓の金額を明治二十七年よりして每年十二月に

金二百圓宛辨濟し同三十一年十二月に至りて皆濟すべきの約を結び且其の契約書に若し一回にても返濟を怠ることあれば殘金は一時に請求せらるゝも苦しからざる旨を附記したり然るに甲者は二十七年十二月を經過し了れるも金圓の辨濟は毫も爲さゞりしと云ふ然るときは甲者が殘金の辨濟を求むる爲めに有する訴權の時効も亦等しく明治二十八年一月一日より進行を始むべきや

(二)免責時効の成立要素如何

○第八節　特別の時効

(一)人の身分に關する訴權は如何なる場合に於て時効に罹るべきや

(二)法律に於て短期の時効を設けたる理由如何

○第三類　民事訴訟法

○第一編　總則

○第一章　裁判所

○第一節　裁判所の事物の管轄

（一）裁判所構成法第十四條には「區裁判所は民事訴訟に於て左の事項に付き裁判權を有す」とあり其の他同法第二十六條第三十七條第五十條等には皆各裁判所の裁判權を規定したり然るに民事訴訟法第二條に於ては裁判權なる語を用ひずして管轄なる語を用ひたり此の二語の間果して區別すべきものありや若し之れありとせば其の差異如何

（二）原告より家屋明渡を請求せんとし裁判所構成法第十四條に基き區裁判所に訴訟を提起せしに被告に於て右の家屋に付ては賃借契約の存在するありて尚ほ其の繼續時期若干年ありとのことを主張して原告の請求に對抗する場合に方り若し被告が主張する契約に基く借家料を其の繼續時期に積算すれば百圓以上の額を得て地方裁判所の管轄に屬すべき場合に在りては區裁判所は右の訴訟と被告の抗辯とに對して如何に之れを處分すべきや

（三）地方裁判所が事物の管轄違なりとして訴を却下するときに方り若し原告に於て移送の申立を爲さゞるときは裁判所は職權を以て其の區裁判所に移送すべきことを命ずるを得るや

（四）地役が訴訟物なる塲合に於て若し其の地役の爲め承役地の價額の減じたる額が要役地の地役に依りて得る所の價額より多きときは何故に其の減額に依りて訴訟物の價額を定むることゝ爲したるや

（五）區裁判所が事物の管轄違なりとして其の訴を却下し併て之れを所屬の地方裁判所に移送するの言渡を爲し其の裁判確定したる塲合に於て先きに區裁判所に提出したる訴狀の印紙不足なるときは裁判所は原告をして之れを加貼せしむることを得るや

（六）本訴と反訴との訴訟物の價額を合算せざる理由如何

（七）區裁判所が管轄すべき事物を地方裁判所に於て判決したる塲合に於て若し其の事件が區裁判所の事物の管轄に屬すべきとの理由の外に於て不服の點あるときは之れに對して控訴を爲すことを得るや若し控訴を爲し得るものとせば其の控訴裁判所は何れなるや（民事訴訟法第七條參看）

（八）區裁判所が事物の管轄違なりとして其の訴訟を所屬の地方裁判所に移送するには別に原告の申立及び指定を要せざるものなりや（民事訴訟法第九條參看）

（九）裁判管轄に既得權ありや如何

(十)專屬管轄と非專屬管轄との區別如何

(十一)裁判所が一定の權利關係より生じたる訴訟にして事物の管轄違なることを發見したるときは如何に之れを處分すべきや

(十二)民事訴訟法第七條の規定は控訴院に於ける同一の判決に對しても亦適用し得らるゝものなりや

(十三)行政裁判所の管轄に屬せざる訴訟は常に司法裁判所の管轄に屬するものなりや否

(十四)債權者より保證人に係り辨償を要求するには其の債務元金に依り訴訟物の價額を定むべきや將た利子及び訴訟費用を合算すべきや

(十五)既に返濟したりとする借用證書取戻の請求に於て訴訟物の價額は何に因て之れを定むるや

(十六)甲者あり乙者より二百圓の債務を負ひたりしが期限に至りて只だ其の半額を辨濟したり乙者因て甲者を訴追せんとするに元金の殘額百圓の外に尚ほ全元金に對する利息六十圓ありたり問ふ此の塲合に於て乙者は民事訴訟法第三條に依り甲者を區裁判所に訴追することを得るや

○第二節　裁判所の土地の管轄

（一）被告人住所の地を以て普通の裁判管轄と爲したるは如何なる理由に因れるや
（二）外國に住所を有する者に對しては其の權利關係の內國に於て生じたると外國に於て生じたるとを問はず等しく其の最後に有せし內國の住所の裁判所に訴ふることを得るや
（三）民事訴訟法第十七條の場合に於て假令ひ外國に於て生じたる權利關係なりと雖も苟も其の訴を以て請求せんとする所の物が內國に在りたるときは其の所在地の裁判所に訴訟を提起することを得るや
（四）訴を爲して請求する物數多ありて數個の裁判管轄區內に散在せるときは原告は其の內の一裁判所に訴を起して他の裁判管轄區內に散在せる物に對しても權利拘束を生せしむることを得べきや否（民事訴訟法第十七條參看）
（五）民事訴訟法第十九條に「不正の損害の訴は責任者に對し其の行爲の有りたる地の裁判所に之れを起すことを得」とあり然らば若し其の行爲にして數裁判所の管轄に亘りたるときは何れの裁判所を以て之れが特別裁判籍と爲すべきか
（六）專屬裁判籍ある場合に於て不專屬裁判所が裁判を爲し其の裁判確定したると

きの効力如何

（七）皇族に對する民事訴訟に關して要したる辯護士又は執達吏の手數料及び立替金に付き其の委任者たる本訴訟の原告に對する訴訟の特別裁判籍を有する裁判所は東京控訴院なるや否若し東京控訴院が管轄權を有するとせば此の控訴院は第二審の裁判權をも併有するや否

（八）辯護士又は執達吏より其の手數料及び立替金に付き其の委任者たる皇族（本訴訟に於ては皇族の原告たりしことを想像す）に對して請求するときは其の執達吏又は辯護士は之れを本訴訟の第一審裁判所に訴ふることを得るや將た東京控訴院に訴へざるべからざるや

（九）民事訴訟法第十六條に所謂「土地の利用に付ての權利關係」とは如何なることを云ふか

（十）民事訴訟法第二十一條に於て辯護士又は執達吏の手數料及び立替金に付特別裁判籍を定めたる理由如何

（十一）不動產に付き專屬裁判管轄を定めたる理由如何

（十二）債權の擔保を爲す從たる物權に基く不動產上の訴に附帶して債權の訴を起

すに付ては如何なる條件を要するか

(十三)民事訴訟法第二十四條に所謂「死亡に因りて効果を生ずる所分」とは如何なることを指すものなるや

(十四)事務所なき會社の首長又は事務擔當者の數人あるときは何れの住所を以て之れが普通裁判籍と爲すや

(十五)原告は民事訴訟法第二十二條の專屬裁判籍を除くの外は同法第三百八十三條、第四百七十二條、第七百七十九條及び第六篇の强制執行に於ける裁判籍と雖も之れを選擇するの權ありや(民事訴訟法第二十五條參看)

(十六)裁判所の土地の管轄中如何なる塲合を普通裁判籍と云ひ如何なる塲合を特別裁判籍と云ふや

○第三節　管轄裁判所の指定

(一)民事訴訟法第二十七條は同法第二十六條を受けたる規定なるや將た裁判所構成法第十條を受けたる規定なるや

(二)管轄地方裁判所を異にする二個の區裁判所の管轄に跨る不動產の境界に關し

爭を生じたるときは何れの裁判所に於て其の管轄を指定すべきや

○第四節　裁判所の管轄に付ての合意

（一）被告が口頭辯論の期日に出頭せざるときは即ち暗默の合意ありたるものとして假令ひ事物の管轄又は土地の管轄に付き相違する所あるも裁判所は職權を以て管轄違の言渡を爲すことを得ざるや

（二）合意を以て管轄裁判所を定めたる場合に於ては原告は其の單に合意を以て定めたる裁判所にのみ訴ふることを得るものにして法定の管轄裁判所に訴ふることを得ざるものなるや將た原告は唯に合意を以て定めたる裁判所に訴ふることを得るのみならず尙ほ當然の管轄裁判所にも訴ふることを得るものなるや

（三）合意を以て法定の管轄裁判所に起訴せざるべしとの特約を爲したる場合に於て若し原告が其の特約に背き法定の管轄裁判所に起訴したるときは被告は右の特約あることを證明して管轄違の抗辯を爲すことを得べきや

（四）裁判所の管轄に付き合意を爲すことを許す所以及び其の制限如何

（五）民事訴訟法第二十九條の所謂當事者中には參加人は包含するや否

(六)合意を以て裁判所の管轄を變更するに必要なる條件如何
(七)區裁判所の管轄に屬する事件を第一審なる地方裁判所の管轄に屬せしむべき合意を爲すことを許すや否若し之れを許すものとせば其の判決に對する上訴を管轄する裁判所は何れなりや
(八)地方裁判所の管轄に屬すべき不動産上の訴を其の所在地の區裁判所の管轄に屬せしむべき合意を爲すことを得るや

○第五節　裁判所職員の除斥及び忌避

(一)辯護士と判事との間に於て親族の關係あるときは民事訴訟法第三十二條第二號の規定を適用すべきものなりや
(二)嘗て證人又は鑑定人と爲りて訊問を受けたる後判事に登用せられたる者其の事件に關渉するときは除斥の原由と爲るべきや如何
(三)法律上の忌避と事實上の忌避との差別如何
(四)合議裁判所の判事が忌避の申請を正當なりと爲すときも尙ほ裁判を爲さゞるべからざるや

（五）民事訴訟法第三十二條第一號の所謂原告被告の中には參加人をも包含するや否

（六）甲控訴院の裁判に服せずして上告を爲したるに大審院は原裁判を破毀して之れを乙控訴院に移送したり若し此の場合に於て先きに甲控訴院に在て裁判を爲したる判事が乙控訴院に轉任し居りたるときは民事訴訟法第三十二條第四號に依りて除斥せらるべきものなりや

（七）判事所屬の裁判所が忌避の申請に付ての管轄裁判所にあらざる場合と雖も尙ほ其の裁判所に申請を爲すべきものと爲したるは如何なる理由に因れるや（民事訴訟法第三十五條及び第三十六條參看）

（八）除斥の事由の顯著なる場合には判事自ら其の執務を斥くべきものにして特に裁判を要すべきものにあらざるや

（九）判事の除斥及び忌避に關する規定は如何なる程度にまで之れを裁判所書記に適用すべきや

（十）忌避せられたる判事が其の猶豫すべからざる行爲を爲すに付法律上の忌違と事實上の忌避との間に差異を設けたるは如何なる理由に基くや（民事訴訟法第三十

九條參看)
(十一) 裁判所書記が法律に依り除斥せらるべき場合に於て其の裁判に干與したるときは之れを以て上告の原因と爲すことを得るや
(十二) 民事訴訟法第四十二條の規定に依れは撿事も亦民事の公廷に立會ふべきものと爲せり然るに法律は如何なる理由に因りて撿事を忌避することを許さゞるや
(十三) 裁判官の命令指揮に對する異議申立の決定に對して其の裁判官を忌避することを得るや
(十四) 當事者より或る判事を忌避したるときは裁判所は決定前必ず先づ其の忌避せられたる判事の意見を徵せざるべからざるか
(十五) 忌避せられたる判事が意見を述ぶるには書面口頭何れにても可なるや將た必ず書面を以てすることを要するや

○第六節　撿事の立會

(一) 撿事をして民事の訴訟に立會せしむるの必要如何

（二）民事訴訟法第四十二條第一號乃至第九號の場合に於て撿事の立會なくして判決を爲したるときは其の裁判は當然無効なりや又撿事は之れに對して上訴を爲すことを得るや

（三）民事の訴訟に於て被告が原告の提出したる證書は僞造若くは變造なりとの申立を爲したるときは直に撿事に通知し撿事は民事訴訟法第四十二條第八號に依り其の訴訟に立會ふべきや

○第二章　當事者

○第一節　訴訟能力

（一）訴訟能力と原告若くは被告と爲るの能力とは如何なる區別ありや

（二）民事訴訟法第四十三條に所謂特別授權と民法に所謂部理代人とは如何なる點に於て相違ありや

（三）外國人は自國の法律に從ひ訴訟能力を有せざるも本邦の法律に從ひ訴訟能力を有するものなるときは之れを有するものと看做すは如何なる理由に基くか

（四）原告若くは被告又は法律上代理人に訴訟能力の欠缺を補正すべき條件を附し

て一時訴訟を繼續せしむるには如何なる條件の具備することを要するや
(五)訴訟提起の當時に在て無能力たりし者が訴訟中能力者と爲りたるときは其の提起の行爲を以て有効と爲すや否
(六)訴訟を提起したるときは能力を有したりしも訴訟中其の能力を失ひたるときは其の行爲の効力如何
(七)特別代理人選定の申請を爲すに付ての必要條件如何
(八)民事訴訟法第四十六の條所謂「不分明なる相續人」とは相續人の誰たることの不分明なるを謂ふものなりや將た相續人の誰たることは分明なるも其の相續人の所在の不分明なるを謂ふものなりや
(九)民事訴訟法第十五條に掲げたる特別裁判籍の場合のみに限りて特別代理人を任ずることを得せしめたるは如何なる理由に依れるや又其の特別代理人任命の申請を却下したる裁判に對しては何故に抗告を爲すことを許さゞるや
(十)特別代理人の代表せる訴訟無能力者にして訴訟能力者と爲り出廷したるときは彼の法律上代理人又は相續人の出廷したるときと等しく特別代理の効力は消滅するものなりや否

（十一）現行の規則に於て滿二十歲未滿の者は自ら訴訟を提起し且つ訟廷に立て總ての訴訟行爲を爲すことを得るや

（十二）後見人が幼者の爲めに訴訟を爲すに當り其の後見人たることを完全に證明せずして訴訟代理人なる名義を以て訴訟行爲を爲し裁判所も亦輕々に裁判を下し更に第二審を經由して上告審に至り始めて完全に後見人たるの證明なかりしことを發見したるときは其の以前に爲したる訴訟手續を無効とすべきや將た又其の當初より後見人たりしことを證明すれば之れを有効とすべきや

（十三）外國人が自國の法律に依れば訴訟能力を有するも本邦の法律に依れば之れを有せざるときは本邦に於て訴訟を爲すの能力なきや如何

（十四）商事會社及び國立銀行の支店は民事の訴訟上當事者たるべき資格を有するや否

○第二節　共同訴訟人

（一）共同訴訟とは如何又其の之れを許したる理由如何

（二）民事訴訟法第四十八條に「訴を受くることを得」とあれば被告に於ても自ら進ん

で共同訴訟人たるを求むることを得べきが如し如何

（三）裁判所は職權を以て訴訟人を共同せしむることを得べきや

（四）共同訴訟人に爲すべき送達及び呼出は其の訴訟人の數に應じて之れを爲すことを要するや

（五）單純の共同訴訟人に對し判決正本の送達を申立つるときは唯だ其の申立書に五十錢の印紙を貼用するのみにて可なるや又は其の送達すべき訴訟人の數に應じて貼用せざるべからざるや（民事訴訟印紙法第六條參看）

（六）民事訴訟法第五十條第三項に「共同訴訟人中の或る人が爭ひ又は認諾せざるときと雖も總ての共同訴訟人が悉く爭ひ又は認諾せざるものと看做すと」あり然らば其の共同訴訟人中の一分は爭ひ又は認諾せず他の一分は爭はず又は認諾したるときは裁判所は如何に之れを判斷すべきや

（七）民事訴訟法第五十條の必要的共同訴訟の場合に於て其の共同訴訟人中の一分は第一審又は第二審の判決に服したるも他の一分に於て之れに服せざるときは其の不服者たる一分のみにて上訴を爲すことを得るや若し之れを爲し得るものとせば其の上訴の判決の效力は之れを他の上訴を爲さゞる者にまで及ぼすこと

を得るや
（八）民事訴訟法第五十條第四項の規定に依れば其の出頭したる共同訴訟人の行爲若くは不行爲の効果は總て其の他の出頭せざる者に及ぶべきことは猶は訴訟代理人の行爲若くは不行爲の効果が訴訟本人に及ぶか如し然らば彼の第六十五條第二項の規定に依り特別の委任を要する和解抛棄認諾等に付ても當然其の効力を出頭せざるものに及ぼすべきや
（九）數人の共同訴訟人にして數個の裁判所の管轄區内に散在するときは如何して其の管轄裁判所を定むべきや
（十）共同訴訟人中の一人より期日の指定を申請して相手方を呼出すことを得るや若し之れを爲し得るものとせば同時に他の共同訴訟人をも呼出すことを要するや
（十一）共同訴訟と合併訴訟との區別如何
（十二）裁判所に於て必要なりと見認むるときは職權を以て共同訴訟の分離を命ずることを得るや
（十三）民事訴訟法第五十條に所謂「權利關係が合一にのみ確定すべきとき」とは如何なる場合を指したるものなりや

（十四）共同訴訟人間の訴訟に於て辯護士を以て訴訟代理人と爲したるときは其の判決正本の送達は單に訴訟代理人のみに爲せは有効なるや將た本人各自に爲さゞるを得ざるや

（十五）權利關係が合一にのみ確定すべき共同訴訟にして訴訟人の多數が其の内の一人に訴訟代理を委任したる場合に於て若し其の委任が法律上の手續に背戻したるときは其の代理の効力如何

（十六）甲者あり連帶證書を以て乙丙兩者に對し貸金請求の訴を起せり然るに口頭辯論の期日に於て丙者は闕席を爲し乙者のみ出頭して曰く余は甲者より嘗て金圓を借用したることなし故に其の證書の名下に押捺しある印影は全く余が印章に相違せりと甲者此の抗辯に避易して直に乙者に對する訴を拋棄したり右の場合に於て甲者が乙者に對する拋棄は丙者に對しても其の効力を及ぼすや否

（十七）地方裁判所以上に於て共同訴訟人は其の共同者の代理を兼ぬることを得るや如何

○第三節　第三者の訴訟參加

(一)參加の種類及び其の區別如何
(二)主參加を爲すに付ての必要條件とは何ぞ
(三)主參加の權利拘束の終に至るまで本訴訟の中止を爲すことを得るは如何なる理由に依れるや
(四)主參加は本訴訟の判決執行を停止するの効力ありや
(五)民事訴訟法第五十二條第三項に「中止を命ずる決定に對しては即時抗告を爲すことを得」とあり然らば其の中止を命ぜざる決定に對しては即時抗告を爲すことを許さゞるものなりや
(六)從參加を爲すに付ての必要條件を列擧すべし
(七)從參加人は本訴訟の確定判決を攻擊することを得ずとの原則に對する例外の塲合ありや若し之れありとせば其の理由如何
(八)訴訟告知を爲すに付き必要なる條件如何
(九)指名參加を爲すに付ては如何なる條件の具備することを要するや
(十)訴訟告知と指名參加との異同を列擧せよ

（十一）主たる當事者間にありたる裁判の從參加人に及ぼす效力如何

（十二）告知を爲す者にして若し敗訴するときは第三者に對して擔保又は賠償を要求し得べき關係ありとの理由に基き告知を爲したる場合に於て第三者が其の告知に應じて參加したるときは其の告知を爲したる者が敗訴するときは自己に擔保若くは賠償の責任あることを承認したる者と看做し得るや否

（十三）指名參加の場合に於ては口頭辯論を拒むことを得せしむるに何故に告知參加の場合には之れを拒むことを許さゞるや

（十四）指名參加の場合に於て被告をして訴訟より脱退せしむるには判決を要するや否

（十五）原告若くは被告が從參加に付ての異議は何れの期間に於て爲すことを要するや

（十六）民事訴訟法第六十條の送達と送付との區別如何

（十七）指名參加と妨訴の抗辯又は被告たるの資格欠缺の抗辯とは何れの點に於て區別すべきや

（十八）主參加と執行參加との區別如何（民事訴訟法第五百四十九條參看）

（十九）第三者の訴訟參加は如何なることを目的とするや

（二十）従參加人の爲したる上訴は其の之れを爲さゞる主たる原告若くは被告に如何なる効力を及ぼすや

（二十一）確定判決は從參加人に對し如何なる効力を有するや

（二十二）本訴の取下に依て主參加の權利拘束は消滅するや如何

（二十三）民事訴訟法第五十八條の塲合に於て從參加人と相手方との間に下されたる裁判は脱退したる原告若くは被告に其の効力を及ぼすや否

（二十四）甲英國人乙日本人を相手取り起訴せり此の塲合に於て丙日本人は主參加訴訟を爲すことを得るや

（二十五）民事訴訟法第五十八條の塲合に於て裁判所は原告若くは被告の申立を却下することありや若し之れありとせば其の裁判に對する上訴の方法如何

（二十六）甲者あり乙者に對する請求金額百五十圓に付き區裁判所に請て支拂命令を發したるに乙者は之れに對して異議の申立を爲したり而して甲者は未だ管轄地方裁判所に起訴の手續を爲さゞるに際し丙者は之れが訴訟に參加せんとす右は之れを許すべきや否若し之れを許すものとせば其の參加の手續如何

但異議申立後一ヶ月の期間は未だ滿了せず

○第四節　訴訟代理人及び輔佐人

（一）訴訟代理人と輔佐人との區別如何
（二）訴訟代理と一般代理との間に如何なる差異ありや
（三）府縣知事、郡長、市町村長、會社社長、銀行頭取等が訴訟を爲すに當り府縣屬官、郡書記、市町村助役、會社銀行支配人等をして其の代理を爲さしむることを得るや
（四）訴訟代理人は特別の委任を受くるにあらざれば控訴、上告又は再審の訴に付き答辯を爲すことを得ざるや
（五）刑事訴訟法第二百四十三條によれば辯護人は被告の委任を受けざるも上訴を爲すの權あり然るに民事訴訟法に於ては訴訟代理人に之れを爲すことを許さゞるは如何なる理由によれるか
（六）訴訟代理人は單に訴訟進行中に於ける手續の一部に付ても復代人を任ずることを得ざるや
（七）訴訟代理の消滅すべき場合を列擧すべし
（八）訴訟委任の欠缺あるときは其の欠缺中に在て代理人の爲したる行爲は總て無効に屬するや否若し無効に屬するものとせば其の無効は絕對のものなるや將た

相對のものなるや
（九）民事訴訟法第六十三條の原告若くは被告なる文辭中には從參加人を包含するや否
（十）總理代人は自ら訴訟を爲し又は訴訟代理人を任命するとを得るや
（十一）法律は何故に本人自ら訴訟を爲さゞるときは辯護士を以て訴訟代理人と爲すべきものと爲したるか
（十二）共同訴訟人間に在ては假令ひ辯護士の在る場合と雖も相互に訴訟代理人たることとを得べきや
（十三）特別の委任を受くるにあらざれば訴旨を擴張し若くは變更する行爲又は證書を承認し若くは立證を抛棄する等の行爲ば之れを爲すことを得ざるや
（十四）辯護士を以て訴訟代理人と爲すときは何故に各別の訴訟行爲を委任することを得ざるや
（十五）辯護士以外の者を訴訟代理人と爲したる場合に於て一の訴訟行爲を代理する者が數人あるときは其の數人の代理人は共同にて本人を代表すべきか將た各別にて本人を代表すべきか

（十六）民事訴訟法第六十九條第三項の塲合に於ける代理人の行爲を本人に於て追認せざるときは其の効力如何
（十七）當事者の爲め輔佐人と爲らんには如何なる資格を要するや
（十八）民事の訴訟上國の代表者たる資格を有する國務大臣等は其の訴權を拋棄することを得るや如何
（十九）訴訟の取下は特別委任を要するや
（二十）區裁判所に於ては辯護士の在るときと雖も訴訟能力者たる親族若くは雇人を以て訴訟代理人と爲すことを得るは勿論なるも若し是等の者の在らざるときは假令辯護士の在るときと雖も尙ほ他の訴訟能力者を以て訴訟代理人と爲すことを得べきや
（二十一）督促手續は民事訴訟法第六十條の訴訟委任に包含するや否
（二十二）委任缺欠の故を以て裁判所が訴訟代理人の爲したる訴を却下したるときは時效中斷の効力如何

○第五節　訴訟費用

(一)訴訟費用は敗訴者に負擔せしむるを以て原則と爲したるは如何なる理由に基くや

(二)辯護士に授與すべき謝金は訴訟費用として敗訴者に負擔せしむることを得べきや

(三)敗訴者に訴訟費用を負擔せしむるに付ての必要條件如何

(四)撿事が民事の訴訟人となりて敗訴したるときは之れに訴訟費用を負擔せしむることを得べきや

(五)民事訴訟法第七十三條の所謂訴訟費用の相消と民法上の相殺との差異如何

(六)不可分義務の塲合に於て數人の共同訴訟人ありたるときは訴訟費用は之れを連帶せしむべきものなりや

(七)訴訟費用の點に限りたる裁判に對しては何故に上訴を爲すことを許さゞるか

(八)訴訟費用の點に限りたる裁判に對しては通例上訴を爲すことを許さゞるに獨り裁判書記、法律上代理人、辯護士其の他の代理人及び執達吏等に負擔せしむべき費用の裁判に限り即時抗告を爲すことを許したるは如何(民事訴訟法第八十三條參看)

（九）裁判官の過失懈怠より生じたる費用は何人に於て之れを負擔すべきや

（十）訴訟費用確定の決定に對し即時抗告を爲したるに裁判所は之れを理由ありとして決定書の訂正を爲したるときは其の抗告の爲めに生じたる費用は何人に於て負擔すべきや

（十一）被告が口頭辯論の期日に出頭せざる場合に於て闕席裁判を爲すに當り被告の作爲に依りて訴を起さしめたることの事實明瞭なるときは裁判所は其の何れを以て訴訟費用の負擔者と爲すべきか

（十二）債權者丙なる者あり甲乙の債務者を共同被告として各自に五百圓づゝの要求を爲して甲乙兩人は直に其の請求を承認したり然るに甲者は自己の作爲に依りて訴を起すに至らしめたるものなりと雖も之れに反して乙者は自己の作爲に依りて訴を起すに至らしめたるものにあらざりしときは丙者は假令ひ勝訴と爲りたるにも拘はらず乙者の消費したる訴訟費用を負擔せざるべからざるや

（十三）甲區裁判所あり從來(い)(ろ)の二郡を管轄せしに其の後新に乙裁判所を設け之をして(ろ)郡を管轄せしむることゝなりたり然るに其の以前甲區裁判所に於て(ろ)郡の訴訟を受理し甲區裁判所の名義を以て裁判し其の確定後訴訟費用の確定を

爲すには甲區裁判所を以て第一審裁判所と爲すべきや將た乙區裁判所を以て第一審裁判所と爲すべきや

（十四）當事者に於て撿證及び鑑定の申請を爲さゞる時民事訴訟法第六條第百十七條第三百五十三條第三百五十八條等に從ひ判事が職權を以て爲す撿證及び鑑定の費用は裁判所の經費中より支辨すべきものなるや將た敗訴者たる原告若くは被告の負擔に屬すべきものなるや

（十五）裁判所所在地外の訴訟人にして假住所を定めたると否とに拘はらず開廷の都度住所地と裁判所との間を往復したる旅費又は滯在費用は之れを訴訟費用として計算することを得るや

（十六）支拂命令、假差押命令、等の送達費用及び民事訴訟法第三百八十七條第二項第三百九十一條第一項の通知書の送達費用は之れを訴訟費用と爲すべきや否

（十七）當事者が辯護士に與へたる謝金は訴訟費用として計算し得るや否

（十八）被告が自己の作爲に因り訴を起すに至らしめたるにあらざるも答辯書を以て原告の請求を抗爭し口頭辯論の起頭に於て其の請求を認諾したるときは訴訟費用は原被何れに於て負擔すべきや

○第六節　保證

（一）法律が外國人に限り訴訟費用の保證を立つべき義務を負はしめ內國人には斯る義務を負はしめざるは何故なりや
（二）外國人に訴訟費用の保證を立つべき義務を免除する場合及び其の之れを免除する理由如何
（三）訴訟上の保證と民法の所謂保證とは何れの點に於て異れるや
（四）民事訴訟法第八十八條第一項の所謂原告の從參加人たる外國人とは原告の從參加人たることを認許せられたる外國人を指示するか將た單に從參加の申請を爲したるまでの外國人をも指示するか
（五）原告の從參加人たる外國人には保證を立つるの義務を負はしめながら被告の從參加人たる外國人に此の義務を負はしめざるは何故なるや
（六）本邦人にして保證を立つべき場合の規定は民事訴訟法第八十八條第二項によりて保證を立つべき義務を免除せられたる外國人に適用せざるか
（七）外國人の立つべき保證の數額を確定するに付ては當事者の合意を許さゞるや否（民事訴訟法第八十九條參看）

(八)外國人の立つべき訴訟費用の保證は被告に於て何時までに之れを請求することを得べきや

(九)原告若くは原告の從參加人たる外國人の立てたる保證は何れの塲合に於て消滅するか

○七節　訴訟上の救助

(一)訴訟上の救助を請求するには如何なる條件の具備することを要するや

(二)民事訴訟法第九十三條の「管轄市町村長」とは本籍地を管轄する市町村長の謂なるや將た住居地を管轄する市町村長の謂なるや

(三)第一審に於て救助を受けたる無資力者が第一審裁判に對して上訴を爲し其の上訴審に於て救助を求むるとき又は第一審に於て救助を求めず第二審に至て始めて之れを求めたるときは强制執行の費用は如何すべきや(民事訴訟法第九十四條參看)

(四)訴訟上の救助を取消すべき裁判所は何れなりや

(五)訴訟上の救助を受けたる者が書類を提出するには印紙を貼用せずして可なる

や將た國庫より立替へて印紙を貼用せしむべきや
（六）民事訴訟法第百一條の場合に於て撿事の意見を聽くことゝ爲したるは如何なる理由に依れるや
（七）訴訟上救助の申請には訴訟用印紙を貼用することを要するや
（八）裁判所の命に依り訴訟上救助を受けたる者に附添ひたる辯護士の手數料は何人より支辨を受くべきや
但救助を受けたる者の敗訴せしときを想像す

○第三章　訴訟手續

○第一節　口頭辯論及び準備書面

（一）我が民事訴訟法が口頭審理を主と爲し書面審理を從と爲したる理由如何
（二）準備書面の必要は何れにありや
（三）準備書面に證據書類を添付すべきことゝ爲したる所以如何
（四）裁判所が辯論の分離を命じたるときは其の判決は之れを如何にすべきや
（五）如何なる條件を具備するときは裁判所は數個の訴訟の併合を命ずることを得

るや

（六）當事者は辯論の再開を求むることを得べきや

（七）訴訟代理人に於て一應理由を備ふる陳述を爲したるときと雖も尙ほ裁判所が本人の申立の摸樣を以て心證を得べしとするときは本人自身の出頭を命ずることを得べきや

（八）甲者が乙者に對して一の訴を起し丙者が甲者に對して又一の訴を起したるが如き場合に在ても尙ほ他の條件を具備するときは之れが訴訟の併合を命ずることを得るや（民事訴訟法第百二十條參看）

（九）裁判所が民事訴訟法第百二十條に依り數個の訴訟を併合し一個の言渡を以て終局したる裁判に對して上訴を爲すには形式上數個の上訴狀を提出すべきものなりや又は其の裁判は一個なるを以て一個の上訴狀を提出して足れりとするや

（十）開廷中裁判長に屬する特權を列述すべし

（十一）訴訟代理人若くは補佐人退斥に付ての決定を原告若くは被告に送達する爲めに要したる費用は何人に於て之れを負擔すべきものなりや

（十二）民事の訴訟に關する書類に文字の改竄、挿入、削除其の他欄外の記入等を爲す

に方り刑事訴訟法第二十一條の如き手續を爲さゞるも其の增減變更の効力を喪ふことなきや

（十三）民事訴訟法第百二十二條により辯論を中止し民事訴訟手續の完結後辯論の再開を爲すに付左の二說あり

甲說　職權を以て中止したるものなれば第百五十九條により職權を以て當事者を呼出し再開を爲すべきものなり

乙說　職權を以て中止したるものにもせよ一旦中止したる以上は第百八十七條に準據し當事者より再開の申請を待ちて後之れを呼出すべきものなり

右甲乙の二說何れか可なるや

（十四）裁判長の捺印を缺きたる口頭辯論調書の効力如何

○第二節　送達

（一）送達すべき書類の種類を列擧すべし

（二）訴訟書類の送達は如何なる効力を生ずるや

（三）訴訟人は郵便を以て裁判所に書類を提出することを得べきや

（四）民事訴訟法第百四十三條の所謂「裁判所の所在地」とは如何

（五）民事訴訟法第百四十五條の場合に於て親族にもあらず又は雇人にもあらざる同居の者に爲したる送達は總て無効たるべきか

（六）旅店を以て假住所に充てたる場合に於て訴訟本人不在の爲め旅店の主人若くは番頭等に送達を爲したるときは其の効力如何

（七）如何なる場合に於て公示送達を爲すことを得るや

（八）公示送達に由り法定の期間を經過したるときは如何なる効力を生ずるや

（九）婦に爲したる送達は其の夫に於て之れを取消し又未成年者に爲したる送達は其添付人に於て之を取消すにあらざれば無効と爲らざるや

（十）本籍地に家屋を有し且つ其の家屋に家族の住するも送達を受くべき本人の現在地の知れざるときは（未だ失踪の屆なきもの）民事訴訟法第百五十六條に依り公示送達を爲すべきものなりや

（十一）民事訴訟法第百三十七條の「認證したる騰本」とは如何なる方式を踏みたる書類を謂ふか

（十二）一定の住宅なく行衞不明なる者又は嘗て住居したる家屋存するも全く其行

衛を知るに由なき者に對しては如何なる方法を以て書類の送達を爲すべきか

○第三節　期日及び期間

（一）假住所を撰定して届出ざる當事者を呼出す場合にも尙ほ本住所よりの里程に應じて相當の猶豫期間を與ふるものなるや否

（二）我が民事訴訟法に於て期日呼出は裁判長の職權を以て爲すを原則とするか將た當事者の申立に依りて爲すを原則とするや

（三）臨檢の場合と爭ひある地に裁判所を開かれたる場合とは如何なる區別ありや

（四）口頭辯論の爲めに定めたる期日を午前八時と指定せる場合に於て正八時に事件呼上を爲したるに原被兩造の未だ出廷し居らざるとき若くは唯だ其の一方のみが出廷し居りて僅に數分の陳述を爲したる末缺席判決の申立を爲したるときには直に之れを以て期日を終了したるものと見做し或は缺席判決を爲し得べきか將た八時の終る時間即ち九時に至るを待ち始めて期日を終了したるものと爲し或は缺席判決を爲すべきか

（五）例へば二十四時間内に欠缺の補正を命じたる場合に於て其の之れを命じたる

ときが午前十時三十分なるときは其の十時三十分より起算して翌日の午前十時三十分までを以て其の期間と爲すべきか將た其の十時より起算して翌日午前十時までを以て其の期間と爲すべきか(民事訴訟法第百六十五條參看)

(六)控訴期間又は上訴期間の如く一個月を以て其の期間と爲したる塲合に於て之れを計算するが爲めには初日は之れを算入すべきものなりや否(民事訴訟法第百六十五條參看)

(七)期日と期間との差別如何

(八)裁判上の期間、法律上の期間及び不變期間の區別如何

(九)期日は何れの時に終了するや

(十)例へは口頭辯論の爲め某日午前九時に出頭すべきことを告知せんに其の所謂九時とは八時より九時に至るまでを云ふや將た九時より十時に至るまでを云ふや

(十一)期間最終の日は何時を以て終了の期限と爲すや

(十二)民事訴訟法第百六十七條の塲合に於て原告若くは被告の住居地と裁判所所在地との距離八里以上十一里未滿なるときは幾日の猶豫を與ふるや

(十三)半島地の如き海陸二路あるときは何れに由て猶豫期間を定むべきか

○第四節　懈怠の結果及び原狀回復

（一）闕席判決に對する故障の不變期間を經過したる後故障の申立と共に原狀回復の申立を爲したるときは其の之れを許否する裁判は判決を以てすべきや將た決定を以てすべきや

（二）第二審裁判所に於て民事訴訟法第二百六十三條により出頭したる相手方甲者の申立に因り乙者に對し故障を棄却する新闕席判決を爲したり此の場合に於て闕席判決を受けたる乙者は天災の爲め口頭辯論期日に出頭するを得ざりしことを證明し得らるゝときは該判決に對し上告又は原狀回復其の他の方法を以て不服を申立つることを得べきや

（三）民事訴訟法第百七十四條の原狀回復と同法第四百六十九條の原狀回復との差異如何

（四）假住所を撰定せざる訴訟人に對し民事訴訟法第百四十三條の規定に從ひ闕席判決を郵便に付して送達したるに其の郵便が全く到着せざるか又は遲延して到着したるが爲め當事者故障を爲すことを得ざりしときは同法第百七十四條第二項を適用して原狀回復を許すべきものなりや

（五）原狀回復を申立つべき期間は當事者の合意に由て短縮することを得べきや

（六）懈怠の結果は當然生ずるものなりとの原則に對する例外の場合即ち裁判所より豫め懈怠の結果を指示することを要する場合若くは相手方の申立により裁判所の言渡を待て始めて懈怠の結果を生ずる場合ありや

（七）民事訴訟法第百七十四條に所謂「天災其の他避くべからざる事變の爲めに不變期間を遵守することを得ざる」とは果して如何なる場合なりや

（八）上告裁判所を距る二百四十里の地に住する者が上告を爲さんとするときは其の上告期間の外尙は八里每に一日の猶豫を得るが故に其の猶豫日數を併加するときは第二審裁判所の判決正本送達の翌日より起算して六十日目に上告を爲すことを得べし然るに其の者が四十五日目に住所の地を發し上告裁判所に至らんとする途中偶々天災に罹り爲めに六十日目までに上告を爲すことを得ざりしときは之れを以て原狀回復の原因と爲すことを得べきや

（九）闕席判決の公示送達を受けたる者が公示送達の當時外國に在りたるが爲め送達のありたることを知らざりしものにして自己の過失に依りて知らざりしものにあらざるときは原狀回復の申立を許すべきや否

○第五節　訴訟手續の中斷及び中止

(一)中斷及び中止の理由既に消滅して後數年を經過するも民事訴訟法第百八十七條の手續を盡さゞるときは其の本訴及び反訴は之れを取下げたるものと看做すべきや
(二)民事訴訟法第百七十八條の所謂原告若くは被告中には法人、訴訟代理人及び從參加人を包含するや否
(三)共同訴訟人中の一人が死亡したる場合に於ては他の共同訴訟人の訴訟手續をも中斷するや
(四)民事訴訟法第百七十九條の規定は家資分散の場合には適用することを得ざるか
(五)民事訴訟法第百八十二條の場合と同法第百八十四條の場合とは殆んど同一なる原因に出づるにも拘はらず其の訴訟手續を停滯するの方法に至りては一を中斷と爲し一を中止と休止と爲したるは如何なる理由に基きたるものなるか
(六)訴訟手續の中斷、中止及び休止の區別并に其の効果如何
(七)民事訴訟法第四十六條及び第四十七條の規定に由れる裁判上の代理人が死亡

し若くは其の代理權の消滅したるときは同法第百八十條に準じて處分すべきや
（八）訴訟手續を中斷すべき場合を列擧すべし
（九）暑中休暇は訴訟手續中斷の原因にあらざるか（裁判所構成法第百二十八條參看）
（十）訴訟手續を中止すべき場合如何
（十一）訴訟手續休止の場合に於て一年内に辯論期日を定むべき申立なきに由り訴訟を取下けたるものと看做すときは如何なる効果を生ずるや
（十二）訴訟手續を休止すべき場合如何
（十三）民事訴訟法第百八十九條の所謂「此の法律の規定に基き訴訟手續の中止を命ずる場合」とは如何
（十四）訴訟手續の中止を命ずる裁判に對するときと中止を拒む裁判に對するときとの間に付き上訴の方法を異にしたるは如何なる理由によれるや（民事訴訟法第百八十九條參看）
（十五）原告たる本人が訴訟中に死亡し其の訴訟は假令ひ相續人の承繼し得べからざる性質のものなりと雖も尙ほ其の相續人の受繼を待ち相當の判決を以て其の局を結ばざるべからざるや否

○第二編　第一審の訴訟手續

○第一章　地方裁判所の訴訟手續

○第一節　判決前の訴訟手續

(一)訴狀に記載することを要する條件如何
(二)訴狀を裁判所に呈出して起訴するときは如何なる効果を生ずるや
(三)原告が數個の請求を一個の訴に併合するには如何なる條件の具備することを要するや
(四)民法に於て訴訟の併合を許さゞることありや(民事訴訟法第百九十一條參看)
(五)訴狀が適法なるときは口頭辯論の期日を定めて被告に訴狀を送達すべきは勿論なりと雖も其の訴狀を提出せしときは其れより幾日內に送達すべきものなりや
(六)權利拘束の發生及び終了すべき時期如何
(七)權利拘束は如何なる効力を有するか
(八)訴の原因を變更するに似て非なる場合とは如何
(九)訴の原因に變更ありとの裁判に對しては不服を申立つることを許し其の之れ

が變更なしとの裁判に對しては不服を申立つることを許さゞるは何故なりや
（十）訴の取下には制限なきや否若し制限ありとせば其の理由如何
（十一）被告より提出する答辯書は之れを原告に送達することを要するや
（十二）原告が答辯書を受取ることを拒みて送達料を拂はざるときは之れを如何にすべきか
（十三）反訴を爲すに付ては如何なる條件の具備することを要するや
（十四）反訴を爲すに付ての要件如何
（十五）妨訴抗辯の種類及び其の之れを爲すべき時期如何
（十六）妨訴の抗辯を理由として常に本案の辯論を拒むことを得るや
（十七）被告より時機に後れて提出したる防禦の方法は如何なる塲合に於ては之れを却下するや
（十八）採證に付き民事と刑事との間に區別ありや否若し之れありとせば其の理由如何
（十九）習慣は法律に反して効力を有するものなるや
（二十）疏明と證明との區別は何れの點に在るか

(二十一) 裁判官に和解を試むるの權を與へたる所以如何

(二十二) 訴訟記錄の正本は當事者に限りて之れを付與し其の當事者にあらざる利害關係人には抄本、謄本の外之れを付與せざるは如何なる理由によれるや(民事訴訟法第二百十四條參看)

(二十三) 甲裁判所に權利拘束中同一事件に付き他の裁判所即ち甲以外の裁判所に於て本訴又は反訴を起したるときは相手方は其の事件の甲裁判所に權利拘束中なることを以て妨訴の抗辯を爲すことを得ると雖も若し同一裁判所即ち甲裁判所に斯る訴を爲したるときは相手方は之れに對して權利拘束の抗辨を爲すことを得ざるか(民事訴訟法第百九十五條第二項第一號參看)

(二十四) 民事訴訟法第百九十五條第二項第一號の所謂「原告若くは被告」とは單に權利拘束を生じたる訴訟の原告若くは被告のみを指示したるものなるか又は權利拘束を生じたる原告若くは被告なると否とを問はず既に權利拘束を生じある訴訟物を請求せんとする原告若くは被告を指示したるものなるか

(二十五) 訴の取下ありたるときは單に權利拘束の効力を消滅せしむるのみにして訴訟提起の總ての効力を消滅せしめざるは如何なる理由に基きたるものなるか

（民事訴訟法第百九十八條第四項參看）

（二十六）妨訴の抗辯を棄却する判決に對して上訴ありたるにも拘はらず裁判所が申立に因り本案に付き辯論を爲すべきことを命じたる場合に於ては本案事件は下級裁判所に繫屬するにも拘はらず其の中間訴訟は上級裁判所に繫屬するを以て下級審に於ける本案の裁判は上級審に於ける中間訴訟に先ちて之れを爲すことを得ざるや否

（二十七）妨訴抗辯に屬せざる場合に於て法律に依りて防禦するものは事實に依りて防禦するの方法を抛棄したるものなりやと看做すべきや

（二十八）攻擊者の申立たる事實を拒絕せずして更に新事實を擧けて答辯するときは其の攻擊者の申立たる事實は之れを承認したるものと看做すことを得べきか

（二十八）適法なる訴訟の成立には如何なる條件を要するや

（二十九）權利拘束中訴訟の目的物を賣買若くは讓與することを得るや否

（三十）請求の一定の原因とは如何又其の之れを訴狀に揭ぐることを要する理由如何

（三十一）第一審に於て訴の原因を變更したる原告に對しては終局判決を以て其の

訴を却下すべきや將た中間判決を以て變更の請求は許さずとの裁判を爲すべきものなりや

（三十二）　司法裁判所は司法裁判の管轄に非ざる訴狀は相手方の答辯を待たず職權を以て非管轄の決定を爲すべきものなるや

（三十三）　被告が口頭辯論の期日前に答辯書を呈出せざるときと雖も其の期日には口頭辯論を開始すべきものなりや果して口頭論辯を開始すべきものとすれば其の以後の手續に於て地方裁判所以上と區裁判所との間に差異ありや（民事訴訟法第二百二十二條參看）

（三十四）　裁判所は人事に關する訴訟に付ても和解を試むるの權ありや

（三十五）　出訴期限を經過したる請求事件の訴ありたるときは裁判所は之れを受理するや否

（三十六）　我民事訴訟法に於て相殺は反訴の手續に依らずして申立つることを得るや否

（三十七）　反訴の請求は必ず本訴と連繫することを要するや否若し之れを要するものとせば其の連繫は事實上の連繫なるか將た法律上の連繫なるか

（三十八）訴の取下は反訴の權利拘束を消滅せしむるや

（三十九）村長甲者あり其の村内丙なる區の所有財産なる若干の地所を乙者に賣却したり丙區の一部の丁戊兩者は此の賣買は町村制第八十七條の規定に違ふ密賣にして且つ甲乙兩者通謀して眞價の三分の一に過ぎざる代價を以て賣拂ひたる不正の賣買なりとて村長甲者幷に買受人乙者を被告として地所賣買取消の訴を提起せり然るに甲乙兩者は右は司法裁判所の管轄すべきものにあらずとの妨訴の抗辯を爲したり此の妨訴の抗辯は果して正當なるや否

但し村會に於ては右地所を賣却することを議決したるも之れを密賣することを認許せず

（四十）起訴の當時甲者一名を被告として訴へたるに訴狀の送達後（口頭辯論に着手したると否とを問はず）原告に於て更に乙者一名を被告に加ふるの必要を生じたるときは共同被告として之れを追加することを得るや否

（四十一）訴の提起と訴狀送達との間に於て訴訟物の價額に增減を生じたるときは被告は管轄違の申立を爲すことを得るや（民事訴訟法第三條及び第百九十五條參看）

（四十二）訴訟上國の代表者たる國務大臣は訴權を拋棄することを得るや

(四十三) 一村の營造物に關する爭に付き原告は其の村民一同を相手取りたるに被告は之れに抗辯して曰く本訴に於て相手取らるべきものは村長にして村民にあらずと

右抗辯は相立つや否

(四十四) 甲者が乙者を或る物件の占有者なりとして之れが取戾の訴を起したり乙者は之れに對し其の物件たる丙者の名を以て之れを占有すると主張し本人指名の抗辯を爲し本案の辯論を拒否したり然るに丙者は其の陳述を爲すべき期日に至るも何たる行爲をも爲さず依て本案の辯論を開始すべき時期に莅みたり此の際又乙者は管轄違の抗辯を爲し再び本案の辯論を拒みたり是に於て甲者曰く本人指名も管轄違の抗辯も共に本案辯論の拒否を目的とするものなれば兩ながら共に之れを提出せざるべからざるに逐次之れを爲すは不法なりと問ふ甲乙孰れか正にして孰れか曲なるや

○第二節　判決

(一) 裁判とは如何なるものを云ふや

（二）民事訴訟法第二百三十三條の期間經過の後に言渡したる判決は有効なりや否

（三）民事に於ける裁判の原本には總て書記の署名捺印を要するや否若し之れを要せずとせば何故に民事と刑事との間に此の差異を設けたるや（刑事訴訟法第二百五條參看）

（四）原告が其の請求額に違算ありとして判決の更正を求むる申立は之れを許すべきものなりや否

（五）民事訴訟法第二百三十二條の所謂「基本たる口頭辯論」とは訴訟の如何なる程度にあるものを云ふや

（六）判決と決定及び命令との區別如何

（七）民事訴訟法第二百三十五條第一項に「判決の言渡は當事者又は其の一方の在廷すると否とに拘はらず其の効力を有す」とあるも其の決定及び命令の言渡に付ては特に斯る規定を設けたるものなし然らば假令ひ決定又は命令は之れを言渡すも其の在廷せざるものに對しては効力なきものなりや

（八）判決の種別如何

（九）判決の有効に必要なる條件如何

（十）適法なる判決は如何なる効力を生ずるや

（十一）中間判決と終局判決との差異如何

（十二）請求の原因を正當なりとする決判と其の之れを不當なりとする判決とは其の結果に於て如何なる差異ありや

（十三）請求の原因を正當なりとする判決の未だ確定せざる内に其の數額に付き判決を爲すことを得べきや

（十四）不告不理は民事訴訟法の一大原則とする所なり然るに訴訟費用に關しては假令ひ當事者の申立なきも尚ほ判決を爲すべきものと爲したるは如何なる理由に基くや

（十五）判決の基本たる口頭辯論に立會ひたる判事が評議して判決書に署名捺印したる以上は其の言渡に臨席せざるも尚ほ適法の判決と云ふことを得べきや

（十六）判決に掲ぐべき條件如何又其の之れを掲ぐべきことは命令的のものなりや將た訓示的のものなりや

（十七）裁判所は其の言渡したる終局判決及び中間判決の中に包含したる裁判に覊束せらるとの原則に對する例外の場合ありや

（十八）確定判決とは如何なる要件を備ふる判決を云ふや

（十九）判決中確定力を有するは如何なる部分なるか

（二十）確定判決の効力を生ずるに必要なる條件に於て刑事と民事との間に差異ありや

（二十一）刑事裁判所が刑事事件に付き下したる判決は民事訴訟に如何なる効力を及ぼすや

（二十二）原告が請求の拋棄に基き又は被告が請求の認諾に基き終局判決を爲す場合に於ては何故に當事者の申立を要することゝ爲したるか（民事訴訟法第二百二十九條參看）

（二十三）原告が訴の請求を拋棄し又は被告が請求を認諾したるにも拘はらず當事者が其の拋棄若くは認諾に基き判決を爲すべきことを申出ざるときは其の訴訟は何れの時に於て完結すべきや

（二十四）民事訴訟法第二百三十九條第一項に所謂「未だ判決の原本に署名捺印せざる」とある署名捺印とは裁判を爲したる判事の署名捺印を云ふか將た判決言渡の日及び原本領收日の附記に對する裁判所書記の署名捺印を云ふか

（二十五） 民事訴訟法第二百三十八條の判決正本の送達費用は訴訟費用に屬するや又は執行費用に屬するや

（二十六） 連帶義務者の一人出廷して連帶義務を認諾したるときは其の出廷せざるものに對しても民事訴訟法第二百二十九條第五百一條を適用すべきか

（二十七） 權利關係が合一にのみ確定すべき共同訴訟に於て其の共同被告の內或る者のみが期日に出頭して原告の請求を認諾したる塲合に爲す所の判決は被告に對して對席判決なりや將た闕席判決なりや

（二十八） 民事訴訟法第二百四十五條末項の決定及び命令の送達費用は何人に於て之れを負擔すべきや

（二十九） 口頭辯論の結果に依り追加裁判の申立を不當なりとするときは如何に之れを裁判すべきや又其の裁判に對する上訴の方法如何

（三十） 獨立なる攻擊防禦の方法と中間の爭との區別如何

（三十一） 裁判所は何故に相手方の爭はざる當事者の主張を以て其の裁判の基本と爲さゞるべからざるや

○第三節　闕席判決

（一）民事訴訟法第二百四十九條にある「口頭辯論を續行する」なる文字中には未だ本案の辯論に立入らざる場合は勿論其の既に之れに立入りたる場合をも包含するや若し其の本案の辯論に立入りたる場合も包含するものとせば第二百五十一條に規定したる場合とは如何なる區別ありや

（二）闕席判決に對し故障を申立たる後辯論を分離し原因に付ての判決確定し其の後更に數額に付ての口頭辯論期日に再び闕席したるときは裁判所は相手方の申立に因り民事訴訟法第二百四十七條第二百四十八條の闕席判決を言渡すべきや又は第二百六十三條の故障を棄却する闕席判決を言渡すべきや

（三）口頭辯論の期日に先ち當事者一方の訴訟代理人が突然代理を謝絶したるときは相手方の申立に因り委任者に對し其の期日に出頭せざるものとして闕席判決を爲すことを得るや

（四）闕席判決の手續上第一審と控訴審及び上告審との間に如何なる差異ありや

（五）口頭辯論の期日に於て原告闕席し被告が闕席判決の申立を爲したるときは裁判所は必ず闕席判決を與ふべきや又或る場合に於ては他の處分を爲すとありや

（六）闕席判決に對する故障申立書に故障を申立てられたる闕席判決を表示するには判決書の全文を揭げざるべからざるや將た判決主文其の他の要領のみにても可なるや

（七）被告の申立に因り闕席判決を以て訴の却下を言渡したるときは原告は最早再び訴を起すことを得ざるや

（八）原告口頭辯論の期日に出頭せざるも（民事訴訟法第二百五十二條及び第二百五十四條に揭けたる闕席判決を爲すべからざる塲合に當るものなしと假定す）被告は闕席判決の申立を爲すことなく又口頭辯論延期の申立をも爲さず却て原告の訴狀に記載したる請求を諾する旨を申立てたりとせば裁判所は如何にして之れを處分すべきや

（九）闕席判決の申立を爲す塲合は民事訴訟用印紙法第十條の規定に依り其の呈出する書面又は書記の筆記する調書に二十錢の印紙を貼用することを要するや

（十）故障を爲すことを得ざる闕席判決ありや若し之あらば其の塲合を列擧すべし

（十一）故障の申立を適法とするときは其の闕席判決に付したる假執行の宣言は當然其の効力を停止するものなりや

(十二) 闕席判決と對席判決との差異如何
(十三) 如何なる條件を具備するときは闕席判決を爲すことを得るや
(十四) 當事者が闕席判決の申立を爲さずして自ら退席したるときは如何に之れを處分すべきや
(十五) 闕席判決の申立を却下する場合及び其の之れを却下する理由を詳述すべし
(十五) 裁判所が職權を以て闕席判決の申立に付ての辯論を延期することを得べき場合及び其の理由如何
(十七) 故障と上訴との差別如何
(十八) 故障は判決の送達前と雖も之れを申立つることを得るは如何なる理由によれるか
(十九) 故障を爲すに付ての理由は之れを申立書に記載するに及ざるや
(二十) 闕席判決に對し判決正本の送達後十四日を經過するときは當事者は民事訴訟法第五百十六條に從ひ執行力ある正本の付與を請求することを得べきや
(二十一) 故障を申立たる原告若くは被告が口頭辯論續行の期日に闕席したるときは出頭したる相手方の申立に因り故障を棄却する新闕席判決を爲すべきや否

○第四節　計算事件、財産分別及び此に類する訴訟の準備手續

（一）準備手續に於て原告若くは被告が闕席することと再度に及ぶときは相手方の主張を自認したるものと看做すと雖も若し其の前後闕席したるものを異にするとき例へば初め被告が闕席し次に原告が闕席したる場合は如何にすべきか（民事訴訟法第二百六十九條參看）

（二）準備手續に於て闕席再度に及びたる者は口頭辯論に至りても尚ほ引續き不利の推定を受け相手方の主張を自認したるものと看做さるべきや

（三）準備手續完結後に於ける口頭辯論の期日に闕席したる原告若くは被告は如何なる制裁を受くべきや

○第五節　證據調の總則

（一）民事訴訟法第二百七十四條に所謂「申立たる數多の證據」とは同法第百五條第五號に依り訴狀又は答辯書に掲げたる證據方法を云ふや又此の證據方法を記載したるものは總て民事訴訟用印紙法第六條第三號の證據調の申立と看做して五十

錢の印紙を貼用すべきや

(二)民事訴訟法は當事者の申立たる證據にあらざれば之れが取調を爲さゞるを以て原則と爲せり然らば人事の如き公益に關する訴訟に付ても亦此の原則を適用すべきや

(三)證據調の補充は民事訴訟法第二百七十四條第一項に於て當事者の申立たる各證據中其の取調ぶべき限度を定めたる證據以外の餘分に付き爲すべきものなるや如何

(四)民事訴訟法第二百七十五條に依り裁判所が申立により定めたる期間內に障碍の除去したるときは更に擧證者の申立を待つことなく裁判所は直に證據調を命ずることを得べきや

(五)證據調の施行中豫納金に不足を生じたるときは裁判所は擧證者が其の不足を豫納するまで證據調を中止するや否

(六)裁判所の定むる期間の滿了後に擧證者が證據調の費用を豫納したる場合に於て擧證者が裁判所の決定したる數多の證據方法中にて其の訴訟手續を遲滯せしむべき一二の證據方法を取除きたるときは他の證據方法に付て證據調を爲すこ

とを得るや否

（七）裁判所の定めたる期間の滿了後に費用を豫納して證據調の申立を爲すには訴訟印紙の貼用を要するや否

（八）受命判事又は受託判事が爲す行爲は直接に其の裁判所を代表するものなるや

（九）原告及び被告の出頭せざるに拘はらず裁判所の爲したる證據調は有効なりや否又其の期日に出頭せざりしことが訴訟能力を喪失したるに由れると否とは其の間別に差異を生ずることなきか

（十）民事訴訟法第二百八十條の通知は共助事件として囑託を受けたる證據調の場合にも爲さゞるべからざるか

（十一）民事訴訟法第二百七十四條に依り當事者より申立たる數多の證據中必要なりと認めたるものに付き證據決定を爲したるに未だ充分の證明を得ざりし場合に於て前に必要ならずと認めて取除きたる證據を以て證據調の補充を爲すには更に證據決定申請書を呈出せしむべきものなるや否

○第六節　人證

（一）民事訴訟法が宣誓に關する成年を滿十六歳と定めたるは如何なる理由に依りたるものか又法律を以て宣誓に關する成年を定むるは果して正當なるや否

（二）瘖啞者は證人たるの能力なきや否

（三）擧證者が民事訴訟法第三百十條第四號の但書に依れる申立を爲すときは裁判所は必ず之れが訊問を爲さゞるべからざるや

（四）證言拒絕の當否を決定するが爲めに當事者を審訊する所以は當事者が其の裁判に利害の關係を有するものなるに依れるか將た當事者を以て其の證言を拒む者の相手方と看做したるに依れるか（民事訴訟法第三百一條參看）

（五）帝國議會の議員は其の議會の秘密會に於て議したる事項に付き證言拒絕の權利ありや

（六）證人訊問を爲すに當り裁判長が先づ其の證人の氏名、年齡、身分、職業及び住居を問ふは如何なる必要に依れるや

（七）當事者をして直接に證人に對して發問することを許さゞるは如何なる理由なるか

（八）人證に制限を設けたる理由如何

（九）人證は價額五十圓を超過する訴訟に付ては其の事實の如何を問はず總て之れを禁ずるの趣意なるや
（十）五十圓以上の價額を有する裁判上の事實と單純の事實と合併して成立するときは此の事實に對し人證を許すべきや
（十一）證人と事實參考人との區別如何
（十二）當事者の申立あるに於ては證人は幾十人に及ぶも常に之れを訊問すべきものなりや
（十三）民事訴訟法第二百九十條の所謂所屬廳の許可は何人の受くる所なるや
（十四）官吏、公吏の職務上默秘すべき事に係ると否とは何人の定むる所なるや
（十五）證人の呼出狀に掲ぐることを要する條件如何
（十六）官吏、公吏の作るべきものたると常人の作るべきものたるとを問はず即ち訴狀、答辯書、證據調の申立書、判決を受くべき事項の申立書、又は呼出狀、判決原本、判決正本、判決謄本等總て訴訟書類を作るに付き文字を增減變更せんとするには如何にすべきものなりや
（十七）呼出狀の送達と證人出頭との間には何程の猶豫を存すべきや

（十八） 民事訴訟法第二百九十四條の所謂「出頭せざる者」とは其の呼出の日限に出頭せざるものを云ふや又は其の指定したる刻限に出頭せざるものを云ふや

（十九） 不參の證人に科すべき罰金は刑事上の責罰なりや將た單に懲罰處分に過ぎざるものなりや又之れを刑事上の責罰とすると懲罰處分とするとに付き結果に於て如何なる差異ありや

（二十） 證人が呼出に應じて出頭せざりしことを正當の理由を以て辯解するには決定書の送達より幾日內に之れを爲すことを要するや

（二十一） 受命判事又は受託判事が證人の所在に就て訊問を爲すことを要する場合如何

（二十二） 眞實を探知する爲め現場に就き證人を訊問するの必要あるときは皇族、大臣と雖も其の現場に同行することを得るや（民事訴訟法第三百十八條參看）

（二十三） 證言を拒むことを得べき者及び其の之れをして拒むことを得せしめたる理由如何

（二十四） 證言を拒むことを得べき場合及び其の理由如何

（二十五） 如何なる事項に付ては證言を拒むことを得ざるや

(二十六) 證人忌避の申立を認可する決定に對しては一切上訴を爲すことを許さゞるは何故なるや
(二十七) 證人たるの能力なき者を列擧すべし
(二十八) 證人たるの能力の有無は訊問の時に於て定むべきや將た訊問すべき事件の生じたる時に於て定むべきや
(二十九) 證人の供述互に齟齬したるとき之れを對質せしむるに當り其の對質者の一方皇族なるときは如何にすべきや
(三十) 民事訴訟法第三百十二條に於ては單に其の證人の氏名、年齢、身分、職業及び住居等を訊問すべきことのみを定むるも其の第三百十條の絶對的無能力者たるや否を訊問すべきことを定めざるは何故なるや
(三十一) 受訴裁判所は如何なる場合に於て證人の再訊問を命ずることを得るや
(三十二) 證人訊問を受命判事又は受託判事に委任すべき場合如何
(三十三) 理由を開示せずして證言を拒み又は宣誓を拒む證人に對しては受命判事若くは受託判事の處置に任せ其の理由を開示して證言を拒み又は宣誓を拒み又は答辯を拒みたる場合に於ては受訴裁判所の裁判を受けしむることゝ爲したる

は如何なる理由なるや
（三十四）舉證者が其の利益の爲めに證人の呼出を請求し而して其の證人が舉證者に不利益なることを陳述したるときは舉證者は必ず其の不利益なる結果を受けざるべからざるや
（三十五）官吏が其の職務上默秘すべき義務ある事情に關し證言を拒みたるとき裁判所は尚ほ之れに對して費用の賠償及び罰金の言渡を爲すことありや
（三十六）民事訴訟法上證人たるものゝ能力に制限ありや否若し之れあらば其の制限とは如何なるものなりや
（三十七）民事の裁判上勅奏任官、華族の喚問手續に付ては別に法律を以て制限する所なきか
（三十八）當事者が任意に出頭したる證人に對して訊問あらんことを請ふの申立には訴訟用印紙の貼用を要せざるか如何
（三十九）民事訴訟法第三百十條第五號の所謂「訴訟の成蹟に直接の利害關係を有する者」なるや否を訊問せずして爲したる證人の訊問は違法なりや
（四十）民事上呼出を受け出頭せざる證人又は鑑定人に罰金を言渡したる決定は之

れを本人に送達することを要せざるや(民事訴訟法第二百四十五條第三項參看)
(四十一) 民事訴訟法第二百九十四條の罰金の言渡は何時より之れを執行することを得るや又其の執行の手續如何
(四十二) 民事訴訟法上當事者と親戚の關係を有するものは證人たるの資格なきや否

第七節 鑑定

(一) 證人と鑑定人との間に如何なる差異ありや
(二) 裁判所は鑑定人の鑑定したる結果に拘束せらるべきや
(三) 法律は如何なる者に對して鑑定の義務を負はしめたるや
(四) 一般の鑑定人が裁判所に於て鑑定すべき旨を陳べたる後に於て民事訴訟法第二百九十七條及び第二百九十八條に規定したる證人が證言を拒むことを得ると同一の原由を生じたるときは其の鑑定を拒むことを得るや如何
(五) 鑑定人が再度の呼出に應せざるも證人の如く之れを勾引することを得ざるは何故なるや

（六）鑑定人が原告若くは被告又は其の配偶者と親族なるときは鑑定を拒むことを得べきは敢て論なしと雖も其の家族の出産、婚姻又は死亡等の事實例へば家族の出産が果して流産なるや將た墮胎せしめたるものなるや又其死亡が果して病死なるや將た變死なるや其の原因如何等の鑑定を爲すべき場合に於ては鑑定人は親族の故を以て其の鑑定を拒むことを得るや（民事訴訟法第三百九十九條第三百二十二條及び第三百二十七條第一項參看）

（七）當事者が合意を以て鑑定人を撰定したるときは裁判所は其の者に鑑定を命じ尚は未だ十分ならずと思料するも他の鑑定人を指名することを得さるや

○第八節　書證

（一）民事訴訟法に所謂書證なる語と普通に所謂證書なる語とは其の意義に於て如何なる差異ありや

（二）民事訴訟法第三百三十六條第一號に「擧證者が民法の規定に從ひ訴訟外に於ても證書の引渡又は其の提出を求むることを得るとき」と規定したるも證書の引渡又は提出を求むることを得べき權利は商法に於ても亦規定し得ざるに限らざれ

ば後日商法に於て此の權利を認めたるときは右の規定は商法に從ひ擧證者が證書の引渡又は提出を求むることを得べき場合にも之れを適用することを得べきや

（三）民事訴訟法第三百四十五條の申立許否の決定に對しては不服を申立つることを得ざるや

（四）民事訴訟法第三百四十六條第二項に所謂「當事者が法律上の規定に從ひ裁判所の助力なくして取寄することを得べき證書」とは如何なるものを云ふや

（五）相手方が擧證者の提出したる證書を眞正ならずと申立つるときは其の證書の眞否を證明すべき責任は何れにありや

（六）僞造若くは變造以外の原因に基き公正證書の眞否に付き爭を生じたるときは裁判所は如何に之れを處分すべきや

（七）裁判所は職權を以て當事者に對し證書の提出を命ずることを得るや

（八）相手方は如何なる場合に於て證書を提出するの義務ありや

（九）擧證者が相手方の手中に存する證書提出を請求する申立書に掲載すべき條件如何

（十）證書の提出を求められたる相手方が證書を有せざる旨を陳述するときも尙は裁判所は證據決定を以て其の證書の提出を命すべきや

（十一）公正證書又は私署證書の僞造若くは變造なることを眞實に反きて主張したる原告若くは被告に對する制裁及び其の制裁を付したる理由如何

（十二）民事訴訟法第三百五十五條の惡意と重過失との區別如何

（十三）民事訴訟法第二百九十四條第三百二條第三百九條第三百二十八條等の罰金と第三百五十五條の過料とは其の性質に於て如何なる差異ありや

（十四）民事訴訟法第三百五十三條第三項に所謂「證明したる適當の對照書類」とは當事者間に異議なき書類に限るべきや否

（十五）撿眞を經たる私署證書の眞正なることを眞實に反きて爭ひたる者が惡意又は重過失の責あるときは民事訴訟法第三百五十五條の第一項第二項中何れを適用すべきや

○第九節　撿證

（一）當事者の申立なき場合に於て裁判所は撿證を命ずることを得べきや

（二）撿證と臨撿との區別如何
（三）撿證物を所持する相手方又は第三者は之れを提出し又は閲覽せしむべきの義務ありや

○第十節　當事者本人の訊問

（一）本人訊問の性質及び其の供述の効力如何
（二）如何なる塲合に於て本人訊問を爲すことを得べきや

○第十一節　證據保全

（一）第一審の判決を言渡したる後未だ控訴を爲さゞる間に於て爲すべき證據保全の申請は何れの裁判所に之れを爲すべきか（民事訴訟法第三百六十六條參看）
（二）證據保全の申請を爲し得べき塲合如何
（三）證書は假令ひ紛失又は使用し難きに至るの恐あるときと雖も之れが保全の申立を爲すことを得ざるや
（四）證據保全の申請に具備することを要する條件如何

○第二章　區裁判所の訴訟手續

○第一節　通常の訴訟手續

(一)區裁判所に訴を起すには必ずしも訴狀を差出して之れを爲すことを要せざる理由如何

(二)口頭を以て訴訟を提起したる場合には相手方は何に依て訴訟の提起ありたることを知るべきか

(三)民事訴訟法第三百七十六條の通知を怠りたるが爲め口頭辯論の延期を爲すに至りたるときと雖も當事者は之れが爲めに生じたる費用を負擔するに及ばざるや

(四)民事訴訟法第三百八十條第二項に所謂「裁判所の意見」とは判事の意見を云ふや將た調書を記載する裁判所書記の意見を云ふや又は判事及び書記を總稱するや

(五)區裁判所に於て當事者又は利害の關係する第三者が訴訟記錄を閲覽し又は正本、謄本の付與を求むるには口頭を以て之れを爲すことを得べきや

(六)區裁判所に於ける訴訟の取下も亦口頭を以て爲すことを得べきや

(七)和解の申請を爲したる者呼出期日に出頭せざるときは如何に處分すべきか

(八)和解申立人は呼出期日に出頭するも相手方出頭せず而して申立人より更に呼出を求めざるときは如何にすべきや又其の雙方とも出頭せざるときは如何

(九)民事訴訟法第三百八十一條第三項の場合に於て申立人のみ出頭し口頭の演述を以て訴を提起したるときは如何なる手續によりて之れを取扱ふべきや

(十)民事訴訟法第三百七十八條の場合に於て原告が訴旨を口述したる後被告辯論を爲さず又は辯論を爲さずして任意に退延したるときは原告は之れに對して闕席判決の申立を爲すことを得るや(民事訴訟法第三百七十六條)

(十一)地方裁判所の訴訟手續と區裁判所の訴訟手續とに於て妨訴抗辯提出時期に付き區別ありや若し之れありとせば其の理由如何

(十二)區裁判所の通常訴訟に於て被告人は答辯書を差出すことを得ざるや(民事訴訟法第三百七十五條第二項參看)

(十三)區裁判所は反訴に付ては假令百圓以上のものなりと雖も當然之れを管轄するの權を有するや

(十四)區裁判所に於て口頭辯論中反訴を提記するに付ては民事訴訟法第二百一條第二項の規定を準用することを要せざるや

○第二節　督促手續

(一)如何なる場合に於ては督促手續に依りて條件付の支拂命令を發することを得るや

(二)支拂命令書に記載すべき條件如何

(三)督促手續を設くるの利益如何

(四)支拂命令に對する異議申立期間は休假中其の進行を停止するや否

(五)百圓以下の係爭金額に付き支拂命令を發し被申請者より異議を申出でられたる場合に於て申請者は之れを證書訴訟として申立つることを得るや

(六)百圓未滿の請求額に付き皇族に對して支拂命令を發し適當の期間內に於て異議の申立ありたるときは其の裁判權は何れの裁判所に屬するや

(七)出訴期限を經過したる債權に對し支拂命令を發することを得るや否若し之れを發することを得るものとせば債務者に於て異議の申立を爲さゞるときは假執行の宣言を爲すことを得るや

(八)支拂命令に對し異議の申立ありて通常訴訟となるときは更に其の請求金額に相當する印紙を增貼することを要するや又は前に貼用したる印紙を併せて請求

金額に相當する印紙を貼用すれば可なるや

（九）支拂命令に對する異議は期間經過後は一切之れを爲すことを得ざるや

（十）民事訴訟法第三百九十四條の執行命令に對し故障を爲し其の事件が區裁判所の管轄なるときは債權者をして其の金額に相當する印紙を貼用せしむるに及ばざるや否若し貼用せしむべきものとせば支拂命令申請に貼用の印紙は既に効用を終へたるものとし更に金額に從ひ之れが貼用を爲さしむべきものなるや

（十一）支拂命令より繼續したる口頭辯論の期日に債權者が出頭せざるときの處分如何

（十二）支拂執行命令正本の下付を請ふときは即ち執行命令申請として二十錢の印紙を貼用すべきや將た又執行力ある正本下付の申立と同じく五十錢の印紙を貼用すべきや

（十三）支拂命令に對し異議の申立ありて其の請求が區裁判所の管轄に屬するときは裁判所は口頭辯論の期日を定めて之れを當事者雙方に送達すべきものなるや否

（十四）連帶債務者の一人が支拂命令に對して異議の申立を爲したるときは其の効

力は他の申立を爲さゞるものにも及ぶや
（十五）民事訴訟法第三百九十條の口頭辯論期日に故なく雙方出頭せざるときは其の事件は休止と爲るか又は債權者は法律推測の利益を拋棄したるものなるに依り權利拘束の効力は之れか爲め消滅するや
（十六）支拂命令を發したるに債務者が請求の目的物を有せさるときは如何に處分すべきか
（十七）支拂命令申請者の書記料、日當及び旅費は督促手續の費用中に算入することを得べきや否
（十八）代替物の支拂命令中に若し其の目的物を給付すること能はざるときは之れに相當する金額若干圓を支拂ふべき旨を併せて命令することを得るや
（十九）支拂命令に對し適當なる期間に異議の申立ありたるとき請求に付き起すべき訴が區裁判所の管轄に屬する場合に於て債權者が訴訟印紙を貼用せざる前と雖も裁判所は口頭辯論の期日指定することを得るや

○第一章　控訴

（一）强制執行に付き控訴及び上告と抗告とに因りて其の効力を異にするものありや
（二）如何なる判決に對して如何なる人が控訴を提起し得べきや
（三）如何なる期間に控訴を提起し如何なる期間に之れを取下ぐることを得るや
（四）民事訴訟法第百九十八條の訴の取下と第三百九十九條の控訴の取下とは其の結果に於て如何なる差異ありや
（五）控訴狀に具備することを要する條件如何
（六）附帶控訴は如何なる塲合に於て其の効力を失ふや
（七）控訴裁判所は如何なる塲合に於て其の事件を第一審裁判所に差戻すべきや
（八）控訴裁判所が民事訴訟法第四百二十三條を適用して其の事件を第一審裁判所に差戻すべき塲合如何
（九）控訴裁判所が民事訴訟法第二百十條の規定に從ひ防御の方法を却下したる塲合に於て其の之れを主張する權利を被告に留保すべきことゝ爲したるは如何なる理由に依れるや

（十）第一審に於て元金のみを請求し後第二審に於て其の利息を合せ請求することを得るや
（十一）主たる控訴と附帯控訴との差異如何
（十二）妨訴の抗辯に付き下したる中間判決に對し控訴を爲したるとき控訴裁判所の判決は中間判決なるや將た終局判決なるや
（十三）第二審に於て闕席判決を受けたる被告人は之れに對して故障を爲すことを得るや否若し故障を爲すことを得るとせば故障の期間內故障を爲さずして直に上告を爲すことを得るや
（十四）第一審に於て被告敗訴したるにより其の從參加人のみ控訴したるに被告は之れに闕席したり此の場合に於て第二審裁判所が爲したる判決は被告に對して對席なるや將た闕席なるや
（十五）控訴期間を計算するには判決送達の日を算入するや否
（十六）控訴期間滿了の日に至り控訴狀を開廳時間外に持參し來り宿直員に於て宿直日誌に何某控訴狀を持參したる旨を記載し且之れを取置きたる場合には有効に控訴を受理したるものなるや

（十七）第一審の爲したる判決中果實のみに付て控訴を爲さんとするときは如何なる標準に從ひ訴訟印紙を貼用すべきか（民事訴訟法第三條及び民事訴訟用印紙法第三條第五條參看）

（十八）獨立上訴を取下げたる後更に附帶上訴を爲すことを得るや如何

（十九）第一審に於ける自白と雖も第二審に於て更に之れを主張若くは援用するにあらざれば第二審裁判所は之れを判斷するの義務なきや

（二十）債權者は債務者と第三者との間にありたる裁判に對し獨立して上訴を爲すことを得るや如何

（二十一）民事訴訟法第四百三十一條の場合に於て控訴裁判所書記より第一審裁判所書記に返還すべき訴訟記錄は第一審の部分のみなるや將た控訴審の部分をも併せて送付すべきものなるや

（二十二）控訴狀の不足印紙を上告審に於て補貼したるときは有效なりや將た無效なりや

（二十三）附帶控訴の成立要素如何

（二十四）控訴の取下と控訴の拋棄との區別如何

（二十五）民事訴訟法第四百十九條の棄却と第四百二十四條の棄却とは其の性質及び効力に於て如何なる差別あるか
（二十六）第一審に於ては相手方の承諾あるときは訴の變更を爲すことを得然るに第二審に於ては之れを許さず其の故如何
（二十七）管轄違又は無訴權の如き妨訴抗辯を棄却したる判決に對しては控訴を爲さずして直に上告を爲すことを得るや
（二十八）控訴と故障との區別如何
（二十九）控訴の提起より生ずる効果如何
（三十）被控訴人は控訴權を抛棄したるときと雖も尙ほ附帶控訴を爲すことを得る理由如何
（三十一）第一審に於て獨立したる訴訟を第二審に於て共同訴訟として訴ふることを得るや若し然ることを得るものとせば其の訴訟物を合算して百圓以上に上るときと雖も地方裁判所は第二審として之れを審理することを得るや
（三十二）控訴、上告及び抗告に於て新事實を裁判の憑據と爲すことを得るか
（三十三）第一審裁判所の判決ありたるも未だ確定せざる訴訟は仍ほ第一審裁判所

に繫屬するや否

○第二章　上告

(一)如何なる裁判は常に法律に違背したるものと看做さるゝや
(二)上告を爲すに付き具備することを要すべき條件如何
(三)民事訴訟法第四百四十八條に依り事件の差戻又は移送を受けたる裁判所は職權を以て口頭辯論の期日を定むることを得るや
(四)上告裁判所が自ら其の事件に付き裁判を爲すべき場合及び其の理由如何
(五)民事訴訟法第四百五十二條の所謂「他の理由に因り」云々とある其理由は判決中に表明したるものならざるべからざるや將た上告裁判所が自ら發見したる理由も之れに包含するや
(六)第二審判決の二個の理由中其の第一を違法なりとし第二を正當なりとする場合には上告裁判所は如何なる判決を爲すべきや
(七)上告裁判所が第二審判決を破毀する場合に於て其の事件を控訴院に差戻さずして尙ほ第一審裁判所に於て辯論を要するが爲め之れを第一審に差戻す場合あ

りや若し之れありとせば如何なる判決(第一審)が如何に判決せられたるときなる
や
(八)妨訴抗辯を棄却する第二審の判決に對して上告を爲し續て本案事件に於て言
渡したる被告敗訴の第二審判決に對して上告を爲し第一の判決は之れを破毀し
て他の控訴裁判所に移送し同裁判所に於て妨訴抗辯を相當と爲し訴の棄却を言
渡したり之れより先き第二の判決に對する上告は理由なきものとして棄却せら
れたり此の場合に於て第二の判決即ち本案の判決は有効のものなるや將た之れ
を取消し得るの道ありや
(九)民事訴訟法第四百三十五條に所謂法則と法律との區別如何
(十)第二審裁判所が當事者の一方より差出したる證據を對手人に示さずして裁判
の材料に供したるときは之れを以て上告の理由と爲すことを得るや
(十一)第二審に於て爲したる中間判決に對しては直に上告を爲すことを得ざるや
(十二)上告裁判所書記は上告完結の後其の記録を控訴裁判所に返還すべきものな
りや又は第一審裁判所に返還すべきものなりや
(十三)裁判所書記の立會を欠きたる裁判は民事訴訟法第四百三十六條第一號によ

りて上告の理由と爲るべきや
(十四) 第一審に於ける當事者の訴訟能力の欠缺を上告審に於て發見したるときは如何に之れを處分すべきや
(十五) 原判決は其の當時の法律に照して違背せざるも爾後法律の改正ありて上告現時の法律に違背するときは之れを以て破毀の原由と爲すべきや
(十六) 裁判に付したる理由の齟齬するときは何れの法條に依りて上告の理由と爲すべきや

○第三章　抗告

(一) 抗告なる上訴方法を設けたる理由如何
(二) 抗告と控訴及び上告とは何れの點に於て差異ありや
(三) 抗告を爲すことを得べき場合如何
(四) 抗告は民事訴訟法第四百五十六條第二項の如く新なる獨立の抗告理由を生じたるときは上級裁判所のあらん限りは之れを爲すことを得べきや
(五) 抗告は抗告狀を差出して之れを爲すべしとの原則に對する例外の場合ありや

若し之れあらば其の場合と理由とを詳述すべし
（六）裁判の送達以前に提起せし抗告は有効なりや否
（七）一の裁判に對し抗告が提起せられしときは其の裁判は之れを執行することを得ざるや否
（八）受命判事若くは受託判事の裁判又は裁判所書記の處分に關しては受訴裁判所は民事訴訟法第四百六十五條の規定に基き其の裁判又は處分の何たるを問はず之れを變更することを得るや
（九）某裁判所に於て甲者乙者に對し訴訟中丙者は從參加の申請を爲したり此の申請に付き甲者異議を述べたるにより裁判所は丙者を審訊したる後從參加を許さゞるの決定を爲し其の理由として丙者は利害の關係を有せずと云へり此の決定に對し丙者は即時抗告を爲せり
抗告裁判所は不變期間を經過せりとの理由を以て之れを棄却せり
此の抗告裁判所の裁判に對し丙者は更に抗告を爲すことを得るや
（十）受命判事又は受託判事の裁判に對して不服を申立つることを得るや
（十一）民事訴訟にして上告審が控訴院なる場合に於て其の訴訟手續に關して下し

たる決定及び命令に對して大審院に抗告することを得るや

（十二）民事訴訟法第四百五十九條の場合に於て訴訟記録を送付する費用は何人の負擔に皈すべきや

○第四編　再審

（一）再審は如何なる場合に於て爲すことを得るや

（二）再審を求むる訴狀には如何なる條件を具備することを要するや

（三）再審の訴訟記録は何れの裁判所に於て保存すべきものなりや又其の再審に關する訴訟費用の確定決定を爲すべき裁判所如何

（四）私訴の判決に對して再審を求むることを得るや否

（五）訴訟手續に於て原告たる敗訴者が法律の規定に從ひ代理せられざりしときは被告たる勝訴者は取消の訴に因りて再審を求むることを得るや

（六）證書訴訟の判決に對して再審の訴ありたるときは如何なる訴訟手續に據るべきや

（七）控訴と再審との區別如何

(八)取消の訴又は原狀回復の訴が各併起したるときは如何に之れを處分すべきや
(九)原裁判を言渡したる裁判所が再審の訴を爲すに當り既に廢せられたるときは何れの裁判所に於て之れを管轄すべきや
(十)再審の訴を提起するときは如何なる効果を生ずるや
(十一)甲者あり乙者の地所を冐認して丙者に販賣したりとて公訴せられ甲者は有罪の言渡を受け又丙者は公訴と同時に乙者より該地所返還の私訴を提起せられ是れ又丙者は速に其の請求に應ずべしとの言渡を受けたり然るに甲者は此の裁判に服せずして控訴したれども丙者は私訴の控訴を爲さず從て該地所の返還を執行せられたり而して甲者は控訴院に於て無罪を言渡されたり此の場合に於て丙者は私訴判決の憑據と爲りたる刑事上の裁判が後の確定したる第二審の裁判に於て廢棄せられたるを理由として更に乙者に係り地所取戻の訴訟を起さんとす民事訴訟法上果して如何なる手續に依るべきや

○第五編　證書訴訟及び爲替訴訟

(一)證書訴訟の場合に於て原告に與へたる民事訴訟法第四百八十八條の權利を何

故に被告にも之れを與へざるや

(二)手形の請求權を失ひたる者より支拂人、振出人又は裏書讓渡人に對して請求を爲すが如き場合に於ては爲替訴訟として主張することを得ざるや

(三)證書訴訟に於て書證に關する民事訴訟法第三百三十五條第三百四十二條及び第三百四十六條の規定を適用することを得るや

(四)證書訴訟の原告は第二審若くは第三審に於ても之れを通常訴訟に變更するの申立を爲すことを得るや

(五)第一、第二審裁判所に於て證書訴訟の被告に權利行使の留保を掲げ敗訴を言渡したる場合には第二審裁判所に於て其の儘普通訴訟手續に依りて之れを續行するや將た更に第一審裁判所に之れを移送するや

(六)民事訴訟法第三百九十條の場合に於て原告が同法第四百八十四條に依り口頭辯論前に證書の原本又は謄本を提出し證書訴訟を以て之れを主張せんことを申立たるときは如何に之れを處分すべきや

(七)證書訴訟を爲すに付ての必要條件如何

(八)證書訴訟に於て原告が適法の證據方法を以て擧證の責を盡さざるにも拘はら

ず被告が其の請求を認諾したるときは裁判所は之れを如何にすべきや
(九)證書訴訟に於て權利の行使を留保せられたる敗訴の被告が通常訴訟に於ける口頭辯論期日の指定を申請せざるときは如何なる處分を爲すべきや
(十)證書訴訟に於て被告に權利の行使を留保したる判決に對し控訴を爲し控訴の進行中第一審の繫屬する通常の訴訟手續の爲め期日指定の申請を爲したるとき第一審は控訴の判決を俟たず期日を定め辯論及び裁判を爲すべきや

○第六編　强制執行

○第一章　總則

(一)債權者が强制執行を爲すには如何なる條件を具備することを要するや
(二)假執行の宣言は訴訟費用に付ても之れを爲すことを得るや
(三)民事訴訟法第五百十一條第一項及び第二項の規定は第一審に於て假執行に付き許否の裁判を爲し其の裁判と本案の裁判とに服せず共に控訴又は附帶控訴を爲すの場合に限り之れを適用すべきや或は又第一審に於ては全く假執行の申立及び裁判を爲さず第二審に於て始めて第一審判決に假執行の宣言を爲さんこと

を申立つる塲合にも之れを適用すべきや

(四)第二審に於て第一審判决の假執行を上告審に於て第二審判决の假執行を申立つることを得るや

(五)假執行を宣言したる判决に基き債務者が任意に又は强制執行に依て支拂又は給付を爲したる物を後の判决を以て返還すべきことを債權者に命ずる裁判は其の確定及び執行に關し普通の規定に從ふべきや將た民事訴訟法第五百十一條第三項に依るべきや

(六)民事訴訟法第五百五條第二項の塲合に於ては現金又は有價證劵にあらざる係爭物を供託して保證を立つることを得るや否

(七)和解契約を以て執行力ある債務名義と爲さんには如何なる條件を具備することを要するや

(八)法律に於ては執達吏の職務は果して行政權の職務に屬するか將た一私人の職務に屬するか

(九)執達吏は必要なる塲合には債務者の住居、倉庫及び筐匣を搜索し又は閉鎖したる戸扉及び筐匣を開かしめ又は債務者の懷中をも撿査することを得るや

（十）債權者が强制執行を始め得る時期に付ては法律上制限す所なるきや
（十一）本邦在留の外國公使館內に在る日本人に對して强制執行を爲すべき場合には如何なる手續に依るべきや
（十二）未確定の終局判決は如何なる場合に於ても之れが執行を求むることを得ざるや否
（十三）執行文を附したる本案判決のあるにも拘はらず訴訟費用確定の決定に付ては更に執行文の附記を要するや
（十四）上級裁判所の判決に對する執行力ある正本は其の判決を爲したる上級裁判所の書記に於て之れを付與すべきや將た第一審裁判所の書記に於て之れを付與すべきや
（十五）支拂命令を發したる後債權者の申請に依り民事訴訟法第三百九十三條に從ひ該命令の假執行を宣言せしときは其の宣言に執行文を附することを要するや
（十六）公正證書に依れる强制執行に付ては裁判所の執行命令を受くるに及ばざるや
（十七）假執行の宣言を付せし判決に對して執行文の付與を申請したるに依り書記

は之れを付與し申請者は之れに基き其の部分の强制執行を終れり而して後其の他の部分の判決も確定したるにより執行の爲め再び執行文付與の申請を爲したり此の塲合に於て再び之れを付記すべきものなりや將た既に一回付記しあるを以て再び之れを爲すの必要なきや

（十八）元金二十圓未滿なるも利子を加へて二十圓を超過する請求に對しては假執行の宣言を爲すことを得ざるや

（十九）民事訴訟法第四百九十九條の證明書は假令ひ執行することを得ざる裁判に付ても之れを附與すべきものなりや

（二十）支拂命令に付き執行命令を發したる後債權者に於て既に其の命令前に債務者の死亡し其の承繼人のありしことを知りたる塲合も民事訴訟法第五百六十一條に包含するや否

（二十一）假執行の宣言を爲したるときは訴訟費用も之れに包含するや否

（二十二）刑事附帶の私訴判決に對し强制執行を爲さんと欲するときは正本に執行文を付記せざれば効力なきや如何

（二十三）會計撿査院の判決及び各省大臣の會計官吏に對する損失金の辨償命令は

如何の方法に因りて執行を求め得べきや
(二十四) 現行の法律上に於て裁判の執行期限は滿五ヶ年なれども相手方より異議の申立を爲さざる限りは期限經過後と雖ども尙ほ之れが執行を爲すことを得るや
(三十五) 債務者に於て拒まざる限りは裁判所の許可を要せずして夜間、日曜日並に一般の祝祭日と雖も執行行爲を爲すことを得るや
(三十六) 區裁判所に於て爲したる和解の强制執行に對し債務者より異議の訴を提起したるときは其の裁判管轄は和解調書を作りたる區裁判所なりや將た本案を管轄する第一審裁判所なりや
(三十七) 甲控訴院管内の區裁判所に於て既に權利拘束と爲り居る訴訟物に對し其の原告若くは被告が乙控訴院管内の區裁判所へ更に本訴を提起したるに其の相手方は權利拘束の抗辯を爲さずして其の訴訟行爲を爲したるの結果遂に二個の裁判所の第一審、第二審及び上告審に於て裁判確定し互に相牴觸したるときは如何にして之れを執行すべきや
(三十八) 公證人が執行文を付與すべき場合に於ても裁判長の命令を要することありや(民事訴訟法第五百六十條參看)

（二十九）强制執行に付ての異議の種類及び其の區別如何

（三十）强制執行の方法に關する申立及び異議と其の執行に際し執達吏の遵守すべき手續に關する申立及び異議との間に存する差別如何（民事訴訟法第五百四十四條參看）

（三十一）第三者が執行參加を爲さずして主參加を爲すことを得る塲合如何

（三十二）原告たる日本人が被告たる外國人（治外法權を有する外國人）を日本の裁判所に訴へたるに被告が異議なく之れに答辯し裁判を受けたるときは其の裁判の效力如何

（三十三）執行力ある判決に具備すべき要件如何

（三十四）民事訴訟法第五百十八條第二項に保證を立つることに繋る塲合を除きたるは何故なるか

（三十五）執行文付與に付き第一審の受訴裁判所に起訴する塲合に於ては何人を以て之れが相手方と爲すべきや（民事訴訟法第五百二十一條參看）

（三十六）前問題の塲合に於ける訴狀に貼用すべき印紙額如何

（三十七）執行力ある判决正本の效力が全國に及ぶ所以如何

（三十八） 民事訴訟法第五百二十八條第一項の所謂「判決」とは通常の判決正本なるか將た執行文を付記したる判決なるか

（三十九） 憲兵の援助を要求するには警察官として爲すべきや將た兵力として爲すべきや

（四十） 執行費用の必要なるものは債務者をして之れを負擔せしむることを得而して其の必要なると不必要なるとは何人に於て之れを定むべきや

（四十一） 外國駐在の本邦領事が囑託に因り差押へたる物件は直に第一審の受訴裁判所に送付すへきや將た之れを競賣して其の代價を送付すへきや

○第二章　金錢の債權に付ての强制執行

○第一節　動產に對する强制執行

（一） 我民事訴訟法が差押債權者に優先權を與へずして他の債權者と平等均一の分配を爲さしむることゝ爲したる理由如何

（二） 執行力ある正本に因らざる債權者は如何なる方法に依て債務者の總財產が既に差押に係りたることを確定すべきや

（三）仲買人が株式取引所に身元保證金として預け置く金錢は如何なる方法に由りて之れを差押ふることを得へきや

（四）民事訴訟法第五百九十八條に依りて差押命令を第三債務者に送達する場合に當り其の第三債務者の住所不分明なるときは公示送達を爲し得るや否

（五）民事訴訟法第六百十八條に於て差押を禁じたる債權は假令ひ債務者の承諾を得るも之れる差押ふることを得ざるや

（六）四人の工錢は之れを差押ふることを得ざるや否

（七）轉付命令と取立命令との區別如何

（八）甲者あり乙者に對して金百圓の債權あるを以て執行力ある判決の正本に因り强制執行を執達吏に委任せり是に於て執達吏は執行の爲め乙者の住所に出張したるに乙者は却て甲者に對し金千圓の債權ありとして是れ亦執行力ある判決の正本に因り甲者に對し執行方を執達吏に委任せりと云ふ此の場合に於て執達吏は如何に之れを處置すべきや

（九）執達吏は酒造又は醬油營業者の財產を差押ふるに當り撿查未濟の酒又は醬油を差押ふることを得るや否若し差押ふることを得るとせば其の手續如何（酒造稅

則第二十三條及び醬油稅則第十條參看)

(十)社寺に係る債權の强制執行を爲すに當り其の神社の神殿又は寺院の本堂は之れを差押て競賣に附することを得るや(民事訴訟法第五百七十條第十號參看)

(十一)民法上第三者が留置權を有する有體動產物に對する强制執行は如何の方法を以て之れを爲すべきや

(十二)强制執行又は假差押の場合に於て疊、建具は之れを動產として差押ふべきや將た不動產として差押ふべきや

(十三)甲なる者自己の生命を保險に付して乙者を以て被保險額の受取人と定めたり後甲者死して其の相續人未だ明かならざるに當り甲者の債權者丙なる者强制執行を以て甲者の約し置きたる被保險額を差押へんとす此の差押は法律上許すべきものなりや否

(十三)新聞紙條例に依りて發行人の納めたる保證金は其の債權者に於て之れを差押ふることを得るか

(十四)勳章に附隨したる年金は之れを差押ふることを得ざるか(民事訴訟法第六百十八條參看)

（十五）民事訴訟法第五百八十九條の執行力ある正本に因らずして配當を要求し得る債權者は特り優先債權者のみなるや將た優先債權者と普通債權者とを問はず要求期の到着したる債權者は何れも配當を要求し得べきや

（十六）民事訴訟法第五百六十四條に因り執行力ある正本に掲げたる請求の辨濟及び强制執行の費用を償ふ爲めに必要なるものゝ差押を爲したるに同法第五百八十九條に因り執行力ある正本に因らずして配當を要求する債權者ありたるときは該正本の効力を以て直に配當要求額に充つる爲めの差押を爲すことを得べきや

（十七）玆に二人の兄弟あり各妻子を有し一戶を搆へ獨立の生活を爲し其の戶に課する所の地方稅及び町村稅の如きは各別の名義を以て上納するも只戶籍簿に依れば兄は戶主にして弟は其の家族なり然るに執達吏は兄に對する債務の强制執行に付き弟の住居に臨み其の有体動產を差押へたり

右差押は適法なりや否

（十八）假差押を爲したる後同一の債權者より同一の債務者に對する同一事件に付き確定判決に至りたるときは假差押を爲したる物件（不動產及び船舶を除く）は更

に差押を爲さゞるも競賣(有体動產)若くは取立(債權)を爲し得べきや否

(十九) 官廳が職權を以て金錢物件を預りたる場合に其の官廳を第三債務者として差押を爲すことを得るや如何

(二十) 債權者不動產の書入抵當ある貸金公正證書に因て强制執行を爲すに當り其の抵當物を差置き先づ債務者の動產を差押競賣せんことを求むる場合は執達吏に於て之れを拒むことを得るや否

(二十一) 民事訴訟法第六百三十五條に所謂「訴訟物」とは配當要求者に割當すべき配當額なりや又は要求者の債權額なりや

(二十二) 商法及び民事訴訟法上の過料完納期限及び其の之れを完納せざるときの處分如何

(二十三) 甲債權者より乙質屋營業者に對する貸金事件の强制執行を爲すに當り執達吏は其の乙者の占有する質物(受戻期限の到來せざるもの)を差押たり右執達吏の差押は有効なりや否

(二十四) 預け米穀支拂命令を發したる後債務者が期間內に辨濟を爲さず且つ異議の申立を爲さゞるを以て債權者は假執行の命令を受けて之れが執行を執達吏に

委任したるに該米穀は既に他の債權者の爲めに差押へられたるときは債權者は其の配當に加入することを得ざるや否

（二十五）債權差押に付ての配當要求は執行裁判所に爲すべきものなりや又は債權の性質に因り執達吏に爲すことを得るものなりや

（二十六）物上の擔保權を有する第三者は其の擔保物が自己の手中に存すると債務者の手中に存するとを問はず總て差押を拒むことを得ざるや

（二十七）民法財産篇第九條に規定したる用方に因る不動產の如きは之れを動產として强制執行を爲すべきや將た不動產と見做して强制執行を爲すべきや

（二十八）戶主たる債務者に對する强制執行を爲すには其の家族及び同居人の財產をも差押ふることを得るや

（二十九）耶蘇敎信者の所持する十字架其の他該敎に於て禮拜の用に供する物は之れを差押ふることを得ざるや

（三十）民事訴訟法第五百七十條第一號乃至第五號第七號第九號第十號及び第十三號に規定したる物品の上に先取特權を有するものは尙ほ之れを差押ふることを得るや

(三十一) 甲なる債權者の爲めに有体動產の差押を受けたる乙なる債務者が若し此の物件にして他日差押を解除せらるゝことあらば賣買すべしとの停止の未必條件を以て丙者と契約を爲したり然るに其の後或る他の事情に因りて右の差押が取消と爲るや丁なる債權者の委任を受けたる執達吏は直に其の物件に付き差押を爲したり問ふ其の差押は有効なりや否

(三十二) 一の有体動產に對して甲なる債權者が假差押を爲したる後乙なる債權者が眞の差押を爲したるときは前なる假差押は後なる眞の差押の爲めに其の効力を失ふべきや如何

(三十三) 執行力ある正本を有する債權者と民法に從ひ配當を要求する債權者とは其の權利上に於て何等の區別なきや否

(三十四) 金錢の債權は假令債務者の負擔する債務の數額を超過するも尙ほ之れを差押ふることを得るか

(三十五) 證書なき債權は之れを差押ふることを得ざるや(民事訴訟法第六百六條參看)

(三十六) 民事訴訟法第六百十四條の引渡と給付との區別如何

（三十七）執行裁判所が配當手續を爲すに付ての必要條件を列擧せよ
（三十八）民事訴訟法第六百三十七條の闕席判決を爲すには出頭したる債權者の申立を待て爲すべきや將た裁判所の職權を以て爲すべきや
（三十九）既に取立命令を發したる債權に對して他の債權者より轉付命令を申請することを得るや若し然りとせは其の效果如何
（四十）甲債權者其の債務者に對して强制執行を爲し其の有体動產の全部を差押へたる後乙債權者も亦同一債務者に對して强制執行を爲したり然るに甲者は乙者の承諾を得ず單に債務者との合意のみにて競賣期日を延期したり此の塲合に於て乙者は更に競賣新期日を指定することを得るや

○第二節　不動產に對する强制執行

（一）抵當債權者は己れに不利益なる競賣を拒むことを得るや
（二）不動產を抵當に取りて之れが登記を受け其の登記濟の證書を債權者が有するときは競賣の申立を爲すに當り單に其の證書のみを以て債務者の所有たることを證明し得るや將た別に認證書に代用すべき謄本若くは抄本を受くることを要

するや
(三)市町村長は民事訴訟法第六百四十三條第一項第三號の各事項に付き證明を與ふることを得るや
(四)民事訴訟法第六百五十一條の競賣の申立を記入し及び第六百五十二條の謄本、抄本を送付するに付ての手數料は之れを徵收することを得ざるや否
(五)競落期日に出頭せざる利害關係人と雖も民事訴訟法第六百七十二條の理由に基き其の競落を許したる決定に對して抗告を爲すことを得るや
(六)競落期日に出頭したる利害關係人は其の期日に於て主張せし理由に基きてのみ抗告を爲すことを得るや將た期日に主張せざりし他の理由に基きても抗告を爲すことを得るや
(七)競落人が競落期日に於て民事訴訟法第六百七十八條に從ひ其の競買を取消すの權利ありと主張したるに拘はらず裁判所が競落を許したる場合に於ては競落人は其の決定に對して不服を申立つることを得るや
(八)競落を許したる場合に於て競落人が不動產の所有權を取得するは其の決定の言渡ありたるときなるや將た其の決定の確定したるときなるや(民事訴訟法第六

百八十六條參看)

(九)不動産が果實其の他金錢に見積ることを得べき利益を生ずる場合に於ては競落人は其の競落決定の言渡より代金支拂までの利息を支拂はざるべからざるは何故なるや

(十)民事訴訟法第六百九十八條第一項に「期日に出頭したる債務者は各債權者の債權に對し又は其の債權の爲め主張する順位に對し異議を申立つる權利あり」とある債權とは單に執行力ある債權のみを云ふものなるや

(十一)債務者の二個以上の不動産が共同して一債權の爲めに義務を負ふたる場合に於て甲不動産を競賣に付し其の賣却代金を以て債權の全額を辨濟したるとき又は競落人が其の債務を承諾上引受けたるときは右の債權は原債務者に對して全く消滅し從て乙不動産は負擔を免るゝに至るべし然るに乙不動産の部に其の負擔の登記を爲しある時はこれが登記の抹消をも裁判所より囑託すべきや將た其の不動産は競賣手續に關係なきものなるが故に債務者自ら抹消を求むべきや

(十二)甲債權者乙債務者に對して貸金千圓の返濟を受くべき裁判上確定したる債權を有す而して乙債務者は丙者に對し時價二千圓の不動産に受戻約款を附して

賣却し今尙は其の權利を行使し得らるゝ期間中に在るの外一物をも有せず甲者は此の場合に如何にして返濟を受けんか

（十三）當事者間の執行力ある正本を以て直に訴外人の供與したる抵當物件を競賣に付することを得るや

（十四）民事訴訟法第六百五十六條第二項の競賣の手續を取消す場合と債權者が其の申立を取下げたる場合とを問はず等しく第六百九十條の規定を適用すべき場合に於て登記法第三十條の印紙を貼用することを要するか

（十五）民事訴訟法第六百五十五條の鑑定人に付ては同法第三百二十七條乃至第三百二十九條の規定を準用することを得べきや

（十六）不動產に對する强制競賣を爲すに方り其の不動產に對する假差押債權者又は抵當債權者にして特に配當の要求を爲さゞるときは其の加入を爲さゞるものとすべきや將た自然に要求の效力ありとすべきや

（十七）民事訴訟法第六百四十七條により執行力ある正本に因らずして配當を要求する債權者あることの通知を受けたる債務者が同條の期間內に其の債權を認諾するや否の申出を爲さゞるときは債務者は其の債權を認諾したるものとするや

將た之れを否認したるものとするや

（十八）債權者が强制競賣の申立を爲すに當り民事訴訟法第六百四十三條第一號乃至第五號の證書を添附するにあらざれば開始決定を爲すことを得ざるか

（十九）甲者の所有地を乙者に賣渡し十年の後受戻すことを得べき旨を約したり然れども其の賣買は登記せず甲者三年の後受戻を訴求して敗訴したるにも拘はらず登記なきを奇貨とし其の土地を抵當として丙者より金圓を借用せり然るに其の返濟期限を過ぐるも返金せざるに付き丙者其の土地を差押へ競賣せんとする際乙者の强制執行に對して異議の訴を起せり其の曲直何れにありや

但未だ十年の期限を經過せず又丙者の抵當も登記したるものにあらず

（二十）未だ登記簿に登記しあらざる建物に對し强制競賣の申立を爲す場合に於て其の建物の債務者の所有に屬することの證明書を得ること能はざるときは如何にすべきか

（二十一）裁判所が民事訴訟法第六百七十八條によりて不動産の毀損の著しきや否に付き決定を爲したるときは其の決定に對し不服なる者は上訴を爲すことを得るや

（二十二）競落許可の決定を受けたる競落人は不動産の所有權を以て第三者に對抗することを得べきや否

（二十三）甲債權者が强制管理開始の決定を受けたる不動産に對し乙債權者より强制競賣の申立を爲したるときは裁判所は如何に之れを處分すべきや

（二十四）甲者あり乙者所有の地所を借受け其の地に衆人の縱覽に供する目的を以て梅樹を培植せり然るに甲者の債權者は其の債權の執行を執達吏に依賴し執達吏は該梅樹を動産として差押へたり其の當否如何

○第三節　船舶に對する强制執行

（一）民事訴訟法第六百四十三條第二項及び第七百二十條第二項の所謂「公簿を主管する官廳」の中には公署も包含し居るや

（二）船舶には强制管理を爲すことを得ざるや

（三）差押の後に至り新に船舶の所有者と爲りたるものは利害關係人と爲すべからざるや（民事訴訟法第七百二十二條參看）

○第三章　金錢の支拂を目的とせざる債權に付ての強制執行

（一）後見人を解任する訴訟に於て其の解任すべき裁判確定したるときは如何にして之れを執行すべきや（民事訴訟法第七百三十六條參看）

（二）米穀等引渡の判決執行に付き目的物のあらざるときは他の動產、不動產に對して執行し得るや

（三）地所引渡の執行を爲すに方り其の地上に債務者の植付けたる米麥等ありて未だ成熟の時季に至らざるときは執達吏は如何にして其の執行行爲を爲すべきや

（四）甲なる地主其の所有地を乙者に貸渡し乙者は該地所に家屋を建築せり然るに乙者は其の地代金を拂渡さゝるを以て甲者は其の明渡を請求し裁判所は乙者に對して之れを明渡すべき旨を言渡せり依て甲者は執達吏に依賴して其の執行を爲さんとす此の場合に於て執達吏は該家屋を取毀ちて明渡を執行することを得るや

○第四章　假差押及び假處分

（一）停止條件付請求の當事者は假差押を爲すことを得るや否
（二）假差押と假處分との區別如何
（三）假差押命令を以て差押を爲すには其の命令に執行文を附記せしむることを要するや
（四）執達吏は既に假差押を爲したる物に付き他の債權者の爲め更に假差押又は强制執行を爲すことを得べきや
（五）假差押中の動產に付き假執行に變更の申立ありたり此の申立は許可すべきや否
（六）强制執行の場合に於て債權の差押を爲すときは第三債務者に對し債務者に支拂を爲すことを禁ずると共に債務者に對し債權の取立を爲すことを禁ず然るに假差押の場合に於ては單に第三債務者に對して債務者に支拂を爲すことを禁ずるに止まり敢て債務者に對して債權の取立を爲すことを禁せざるは何故なるや
（民事訴訟法第五百九十八條及び第七百五十條參看）
（七）不動產假差押の命令を執行したる後債權者、債務者本案に付て任意の濟方を爲し債權者より假差押命令取消の申請を爲し裁判所に於て之れを取消したるとき

は其の裁判は職權を以て債權者、債務者雙方に送達すべきものなるや
（八）民事訴訟法第七百五十一條に「不動産に對する假差押の執行は假差押の命令を登記簿に記入するに因りて之れを爲す」とあり此の場合に於て登記法第九條第二項の手續を爲すべきや若し之れが手續を爲すものとせば民事訴訟法第七百四十九條の期間は不動産の假差押に付ては其の必要なきものゝ如し如何
（九）差押、假差押を受けたる不動産は他に之れを賣買することを得るや否
（十）係爭物に關する假處分決定の執行に付て執達吏は立替金の辨償を受くるの外手數料を受くることを得ざるや（執達吏手數料規則第六條第七條參看）
（十一）債權者は債務者の財産不足なるときは其の家資分散の處分前と雖も保證人の財産に對し假差押を行ふことを得るや
（十二）第三債務者に對する債務者の債權假差押の命令は何れの裁判所に於て之れを管轄するや（民事訴訟法第十七條參看）
（十三）後の假差押は前の强制執行差押に對して法律上配當加入の効力を有するや
（十四）執達吏が納付し置きたる保證金に對し其の解職後一般債權者は假差押を爲すことを得るや

（十五）假差押に對する債務者の供託證書は本執行の場合に際し執達吏の請求ありたるときは裁判所は直に之れを交付し得るや否

（十六）債權の假差押は民事訴訟法第六百九條の規定を準用し得べからざるや

（十七）債權者が强制執行保全の爲め豫審判事が債務者より證據として押收せる物件に對し假差押の申請を爲したるときは民事裁判所は豫審判事を第三債務者と爲して假差押の命分を發することと得るや否

（十八）債務者は假差押決定に對し債權者の請求虛僞なるを理由として異議の申立を爲すことを得るや

（十九）未だ控訴及び抗告の期間を經過せざる訴訟費用豫算額に對し假差押を爲し得べきや如何

（二十）甲者あり乙者に對する債權執行保全の爲め未だ乙者に名換登記を爲さゞる乙者の亡父丙者名義の不動產に對する假差押を爲さんことを申請したるときは裁判所は之れを許すべきや否

（二十一）地方裁判所の管轄に屬する事件に付き本案起訴前に於て其の裁判所へ假差押、假處分を申請することを得べきや否

（二十二）甲乙兩者の間に「アンチモニー」賣買の契約を爲したり然るに賣主乙者は契約を履行せざりしを以て甲者は區裁判所の命令に依り若干金を供托して丙者が乙者より質物として預り居る「アンチモニー」に對し假處分を爲したり以上の事實に依り區裁判所が甲者に與へたる命令は丙者に對して尚ほ効力あるや又執達吏は右の「アンチモニー」を差押へて自ら占有することを得べきや

（二十三）甲者僞證を以て乙者の不動産の假差押を爲したり然るに本案訴訟事件は第一審第二審共甲者の敗訴に皈し確定したり依て乙者は前に命令を發したる區裁判所に向て之れが取消を申請したりしが該區裁判所並に第一審裁判所は民事訴訟法第七百四十七條を基本とし各々之れを却下せり其の當否如何

（二十四）假差押及ひ假處分の申請を爲すに付き具備することを要する條件如何

（二十五）假差押の申請に付ての裁判と假差押の命令とは其の間區別の存するものなりや（民事訴訟法第七百四十二條及び第七百四十三條參看）

○第七編　公示催告手續

（一）公示催告期日に出頭せざる申立人は其の期日より六ヶ月の期間內に於ては數

回新期日の申立を爲すことを得るや否（民事訴訟法第七百七十一條參看）
（二）公示催告を爲すに付ての必要條件如何
（三）除權判決に對して不服を申立つることを得る場合及び其の方法を問ふ
（四）商法に現定したる手形其の他の證書類に付ての公告催告は何れの裁判所に於て之れを爲すべきや
（五）除權判決の効力如何

○第八編　仲裁手續

（一）民事の訴訟事件に付き當事者は控訴中に於て其の事件を仲裁人の判斷に付するの契約を爲すことを得るや
仲裁契約成立したるときは當事者に於て訴訟の進行を中止するを以て足るや又は控訴若くは訴訟を取下ぐることを要するや
控訴を取下ぐるときは第一審の判決確定するの理なるに拘はらず仲裁判斷を爲すことを得るや若し仲裁契約其の効を失し又は仲裁判斷無効に皈したるときは第一審の判決其の効を生ずべきや

控訴審に於て尚は訴訟全体を取下ぐることを得るや

(二)仲裁手續に關し裁判所の助力を求むるには如何なる條件を具備することを要するや

(三)仲裁判斷の取消を申立つることを得る場合如何

(四)仲裁人を忌避することを得べき場合如何

(五)仲裁判斷と判決との間に存する異同の點を列擧すべし

(六)民事訴訟法第八百一條第一號乃至第五號を原由として取消の訴を起さんには如何なる期間に於てすることを要するものなるや

民事問題全集終

明治廿九年三月廿一日印刷
明治廿九年四月三日發行

定價金十五錢

著者　東京市麹町區飯田町一丁目七番地　河村透

發行者　東京市京橋區本材木町三丁目廿番地　服部喜太郎

印刷者　東京市京橋區弓町廿三番地　橘磯吉

印刷所　東京市京橋區弓町廿四番地　三協合資會社

民事問題全集　　日本立法資料全集　別巻 1174

平成29年12月20日　　復刻版第1刷発行

著　者　河　村　　透

発行者　今　井　　貴
　　　　渡　辺　左　近

発行所　信　山　社　出　版
〒113-0033　東京都文京区本郷6-2-9-102
モンテベルデ第2東大正門前
電　話　03（3818）1019
FAX　03（3818）0344
郵便振替 00140-2-367777（信山社販売）
Printed in Japan.

制作／㈱信山社，印刷・製本／松澤印刷・日進堂

ISBN 978-4-7972-7287-1 C3332

巻数	書　名	編・著者	ISBN	本体価格
950	実地応用町村制質疑録	野田藤吉郎、國吉拓郎	ISBN978-4-7972-6656-6	22,000円
951	市町村議員必携	川瀬周次、田中迪三	ISBN978-4-7972-6657-3	40,000円
952	増補 町村制執務備考 全	増澤鐵、飯島篤雄	ISBN978-4-7972-6658-0	46,000円
953	郡区町村編制法 府県会規則 地方税規則 三法綱論	小笠原美治	ISBN978-4-7972-6659-7	28,000円
954	郡区町村編制 府県会規則 地方税規則 新法例纂 追加地方諸要則	柳澤武運三	ISBN978-4-7972-6660-3	21,000円
955	地方革新講話	西内天行	ISBN978-4-7972-6921-5	40,000円
956	市町村名辞典	杉野耕三郎	ISBN978-4-7972-6922-2	38,000円
957	市町村吏員提要〔第三版〕	田邊好一	ISBN978-4-7972-6923-9	60,000円
958	帝国市町村便覧	大西林五郎	ISBN978-4-7972-6924-6	57,000円
959	最近検定 市町村名鑑 附 官国幣社 及 諸学校所在地一覧	藤澤衛彦、伊東順彦、増田穆、関惣右衛門	ISBN978-4-7972-6925-3	64,000円
960	鼇頭対照 市町村制解釈 附 理由書 及 参考諸布達	伊藤寿	ISBN978-4-7972-6926-0	40,000円
961	市町村制釈義 完　附 市町村制理由	水越成章	ISBN978-4-7972-6927-7	36,000円
962	府県郡市町村 模範治績　附 耕地整理法 産業組合法 附属法令	荻野千之助	ISBN978-4-7972-6928-4	74,000円
963	市町村大字読方名彙〔大正十四年度版〕	小川琢治	ISBN978-4-7972-6929-1	60,000円
964	町村会議員選挙要覧	津田東璋	ISBN978-4-7972-6930-7	34,000円
965	市制町村制 及 府県制　附 普通選挙法	法律研究会	ISBN978-4-7972-6931-4	30,000円
966	市制町村制註釈 完　附 市制町村制理由〔明治21年初版〕	角田真平、山田正賢	ISBN978-4-7972-6932-1	46,000円
967	市町村制詳解 全　附 市町村制理由	元田肇、加藤政之助、日鼻豊作	ISBN978-4-7972-6933-8	47,000円
968	区町村会議要覧 全	阪田辨之助	ISBN978-4-7972-6934-5	28,000円
969	実用 町村制市制事務提要	河邨貞山、島村文耕	ISBN978-4-7972-6935-2	46,000円
970	新旧対照 市制町村制正文〔第三版〕	自治館編輯局	ISBN978-4-7972-6936-9	28,000円
971	細密調査 市町村便覧（三府 四十三県 北海道 樺太 台湾 朝鮮 関東州） 附 分類官公衙公私学校銀行所在地一覧表	白山榮一郎、森田公美	ISBN978-4-7972-6937-6	88,000円
972	正文 市制町村制 並 附属法規	法曹閣	ISBN978-4-7972-6938-3	21,000円
973	台湾朝鮮関東州 全国市町村便覧 各学校所在地〔第一分冊〕	長谷川好太郎	ISBN978-4-7972-6939-0	58,000円
974	台湾朝鮮関東州 全国市町村便覧 各学校所在地〔第二分冊〕	長谷川好太郎	ISBN978-4-7972-6940-6	58,000円
975	合巻 佛蘭西邑法・和蘭邑法・皇国郡区町村編成法	箕作麟祥、大井憲太郎、神田孝平	ISBN978-4-7972-6941-3	28,000円
976	自治之模範	江木翼	ISBN978-4-7972-6942-0	60,000円
977	地方制度実例総覧〔明治36年初版〕	金田謙	ISBN978-4-7972-6943-7	48,000円
978	市町村民 自治読本	武藤榮治郎	ISBN978-4-7972-6944-4	22,000円
979	町村制詳解　附 市制及町村制理由	相澤富蔵	ISBN978-4-7972-6945-1	28,000円
980	改正 市町村制 並 附属法規	楠綾雄	ISBN978-4-7972-6946-8	28,000円
981	改正 市制 及 町村制〔訂正10版〕	山野金蔵	ISBN978-4-7972-6947-5	28,000円